MANO VACÍA

O EL CULTO POR LA LEYENDA

ExLibric

LUIS MARTÍN RUIZ

MANO VACÍA

O EL CULTO POR LA LEYENDA

EXLIBRIC
ANTEQUERA 2024

MANO VACÍA
© Luis Martín Ruiz
Diseño de portada: Dpto. de Diseño Gráfico Exlibric

Iª edición

Editado por: ExLibric
c/ Cueva de Viera, 2, Local 3
Centro Negocios CADI
29200 Antequera (Málaga)
Teléfono: 952 70 60 04
Fax: 952 84 55 03
Correo electrónico: exlibric@exlibric.com
Internet: www.exlibric.com

ISBN: 978-84-10076-86-0
Depósito Legal: MA 1788-2024

Impresión: PODiPrint
Impreso en Andalucía – España

Nota de la editorial: ExLibric pertenece a Innovación y Cualificación S. L.

LUIS MARTÍN RUIZ

MANO VACÍA

O EL CULTO POR LA LEYENDA

Mi total condolencia para todos aquellos que hablan y hablan sobre el karate sin tener argumentos propios y sin nivel técnico ni pedagógico, y también para aquellos que relatan las fábulas de los katas copiando y mintiendo, como aquel «conocido mío», sexto dan de la Federación de Karate, traidor, ególatra y con una moral muy discutible.

Y también mi total agradecimiento a los maestros, representantes y alumnos de las diferentes disciplinas que representan la Federación Española Nihon Budo.

Y, por último, el agradecimiento a mi hijo, senséi Luis Martín Portillo, pues seguramente seguirá escribiendo esta historia de artes marciales que yo comencé junto a él allá por el año 1974.

Antes de nada, quiero aclarar que cuando escribo, a veces, mi vocabulario no es el más fino, ni el más correcto, ni el más elegante, pero todas esas expresiones y tacos que suelo soltar algunas veces son palabras hispanas que se encuentran en el *Diccionario de la lengua española*. Por lo tanto, estoy en mi derecho de poder expresarlas, ya sean de mal gusto para unos u otros, me da igual.

También deseo puntualizar que el hecho de verter tantas críticas sobre círculos y personajes del mundillo del karate no lo hago con afán de venganza, odio o alguna otra animadversión, sino por el hecho de que mi mujer, mis hijos y yo nos curtimos durante décadas en el entorno del verdadero karate-do junto al maestro Akihiro Mieno, y me duele que se manipule y falsee esta disciplina marcial por parte de personajes y entidades de muy poca solvencia y dignidad.

Y, por último, quiero aclarar el motivo de por qué menciono y denuncio reiteradamente al figura que catalogo como «mi amigo» o «el caballero oscuro», vinculado a una asociación japonesa a la que pertenecí durante muchos años, el cual decía que era mi amigo. Como vulgar Maquiavelo, me traicionó y no tuvo los suficientes redaños para defenderme ante los atropellos y despropósitos de unos personajes como Sadaaki Sakagami y Ayumu Oda, directores de orquesta de una asociación japonesa de escasa entidad.

Y añado que celebraría que alguien me rebatiese todos o algunos de los argumentos críticos que transcribo en este libro, pues tendría algo con que recapitular y recrearme. Pero, al parecer, nadie me rebate cuando censuro, o quizás sea que nadie lee mis libros.

Índice

Prólogo

Primero fue *La senda del karate-do,* le siguió *Itosu-Ha. El camino del karate tradicional,* más adelante plasmé *La otra cara del karate,* y ahora remato el que será el último libro que escriba sobre el karate, porque considero que con este vademécum o recopilación, como queráis llamarlo, que conforman estos cuatro libros quedan plasmadas las idas y venidas, las verdades y falacias de un karate que jamás debió salir de Okinawa y que algunos desaprensivos lo han manoseado y descafeinado a su antojo y beneficio.

En ese primer libro, *La senda del karate-do,* exponía mis andanzas y experiencias durante un período largo, agitado y movido de mi vida, explorando otros estilos y otras escuelas, y al mismo tiempo mostrando conceptos como los katas, el *kimé,* el *ki,* diferentes formas de trabajar, el karate y la mujer, el karate y los niños, y también documentaba etapas de mi alianza con la aciaga Nippon Karate-do Itosu-kai. Asimismo añadía lo que creo que debe ser el espíritu del Do.

En mi segundo libro, *Itosu-Ha. El camino del karate tradicional,* describo varios aspectos, técnicas y katas característicos de lo que considero parte de ese karate antiguo de los maestros Anko Itosu, Azato e Higaonna, y dejo a un lado el karate de Gichin Funakoshi, pues todo el mundo de Shotokan y otros le consideran el fundador del karate moderno (?). También describo cómo y por qué abandoné esa poco ética entidad llamada Asociación Nippon Karate-do Itosu-kai. Además relato el cambio de nombre de nuestro propio y nuevo estilo y nuestro actual logotipo, pero sin cambiar nada ni alterar nada, solo nos acogemos a los escasos y rigurosos hechos testimoniales que se conocen del maestro Yasutsune Anko Itosu.

En mi tercera obra, *La otra cara del karate,* me centro en los mitos y leyendas que se vierten sobre las disciplinas marciales y, en particular, sobre el karate. En esa obra denuncio y desmantelo la mayoría de falsedades y falacias que muchos desaprensivos han venido expandiendo a través de muchos años en diversos medios y, en especial, en Internet. Gente —la mayoría hispanoamericanos— que sin experiencia, criterio ni conocimiento cuelga opiniones descabelladas, mentiras y falacias sobre la disciplina marcial del karate. De igual forma, me reitero sobre la falsa creencia de que todo aquello que huela a japonés es lo verdadero e indiscutible, y la verdad es que no es cierto, pues existen personajes y asociaciones japonesas y no japonesas que tienen bastante similitud con aquella «cueva de Ali Babá y los cuarenta ladrones». Los mismos historiadores japoneses, expertos en karate y disciplinas marciales, desconocen las verdaderas tradiciones y memorias de aquellos primeros maestros del karate y otras disciplinas.

Y esta será mi última y definitiva obra sobre las disciplinas marciales. No escribiré ningún otro libro sobre ello, pues creo que con estos cuatro manuales queda materializado todo lo que he querido transmitir y denunciar y que considero nefasto para el verdadero karate.

En este libro, al que nombro como *MANO VACÍA o el culto por la leyenda,* hago un examen entre los conceptos «tradicional» y «deportivo», el primero real y auténtico como defensa personal y el segundo como una falacia. Por otro lado, una vez investigado y explorado durante tantos años el mundillo de esta disciplina marcial del karate, evidencio y desapruebo un sinnúmero de técnicas y posiciones ilusorias que existen en el llamado «karate moderno», que no son adecuadas ni efectivas como defensa personal y que con Gichin Funakoshi —y a partir de él— se fueron incluyendo según los criterios de algunos «maestros» japoneses. Igualmente describo la estructura y los miembros de la Federación Española Nihon Budo, a la cual pertenece nuestro Asociación Española Karate Jutsu Honbu Dojo, de calle San Pedro, 65, de Antequera. También argumento y debato sobre los katas como base de entrenamiento, y termino con el traído y llevado karate-do.

Por otro lado, denuncio todo aquello que huela a leyenda, mito, fábula, cuento o utopía, ya que por desgracia existen individuos que, por engrandecer su ego o querer divulgar su sapiencia en esto de las disciplinas marciales, no tienen ningún escrúpulo en emitir historias falsas o copiadas de otros individuos que anteriormente publicaron narraciones e historias sin ningún rigor y sin ninguna evidencia demostrable. Y también vengo a denunciar el enfermizo y obsesivo culto que profesan muchos ignorantes a los falsos gurús y a los diversos «maestros» japoneses que no lo son, porque la mayoría de ellos no han enseñado nada valioso, solo han conseguido sus grandes currículums por el solo hecho de ser oriundo del país del sol naciente.

Nota

Debo advertir al lector de que algunos comentarios y apartados los he tomado de otras referencias y relatos que no me pertenecen, pero que ayudan a comprender y discernir las críticas o alabanzas que vierto en esta obra. Y también debo añadir que mi humilde manera de escribir es algo irreverente y sacrílega, pues a veces intercalo o cuelo fragmentos de un tema u otro sin avisar y, por lo tanto, el lector se puede despistar. Lo siento.

Como es obvio, en MANO VACÍA o el culto por la leyenda he recopilado algunos pasajes, fotos y pequeños párrafos como ejemplos evidentes de todo lo que se denuncia en este volumen.

Breve historia

Realidad evidente y auténtica

Partiendo de la base real y auténtica, indiscutiblemente el karate nació como una manera de defensa personal.

Lo que a continuación manifiesto se ajusta a una sincera opinión sin animadversión ni favoritismo; solo quiero hacer conocer mis conceptos acerca del karate, amén de lo que otros puedan informar e influenciar.

Todo lo aquí relatado debe ser considerado como meras suposiciones, por cuanto son narraciones de los practicantes de las diferentes artes marciales, quienes en su mayoría tratan de atribuirle el origen y el conocimiento a sus predecesores, aun sabiendo que la humanidad, desde el inicio de su existencia, siempre ha sabido defenderse y atacar de acuerdo a las formas acostumbradas del ataque y defensa de sus rivales.

Las historias casi siempre son escritas por los poderosos y algunas veces por los vencedores, exponiendo solo parte de su conveniente verdad, a la que le agregan hechos míticos para su realce, aunque existe un dicho japonés, *«nigueru ga kachi»*, que traducido literalmente dice 'quien huye gana', dando a entender que es mejor una retirada a tiempo. Un dicho que encierra una gran verdad, pudiendo también ser estos, los que huyeron, los que escribieron la historia. En comparación a este, decimos: «Más vale un cobarde vivo que un héroe muerto». O es preferible que se diga «aquí corrió» que «aquí murió», dando a entender casi lo mismo, pero en el fondo es diferente, según interpretación de cada persona.

Sin embargo, también hay historias falsas como la redactada en un folleto que, aclaro, no trata de artes marciales, pero incurre en falsedades que expongo como ejemplo, cuyo título en la página principal e inicial dice: «*La nueva revolución humana,* volumen 11. Roturación, por Ho Goku. Ilustraciones por Ken-ichi Uchida».

Si esto ha sucedido recientemente, de aquí a veinte años habrán desaparecido todas las pruebas verídicas documentadas y aquellos que puedan dar fe de lo mencionado, quedando como un hecho real las mentiras versadas en dicho folleto. Por lo tanto, ¿cómo se puede confiar de las narraciones del origen del karate, si estas proceden de datos y libros antiguos que en cada narración o edición, so pretexto de aclarar las informaciones, van variando sutilmente su contenido?

Posible origen del karate

Existen diversas versiones acerca del origen del actual karate-do, en las que se incluyen leyendas e historias que se asemejan al *wushu* de la China Popular, que es la actual versión del *kang fu,* y siendo todas ellas cuestionables por existir diversas fuentes de información que difieren entre sí y que, al analizarlas, me hacen dudar y meditar. Si el karate deriva de las técnicas chinas, ¿por qué los katas no se parecen a sus «danzas», suponiendo que proceden del arte marcial que la mayoría conocemos con el simple nombre de *kang fu* (*kung fu* escrito en inglés)? ¿Por qué los nombres de algunos katas aparentan nombres chinos? ¿En realidad eran chinos residentes en Okinawa o eran okinawenses u otros los maestros? Así como estas existen muchas interrogantes difíciles de dilucidar y/o comprender, que, al parecer, desde el inicio han fundamentado tal vez una versión equivocada.

> *No es mi deseo querer variar el curso sobre el origen de la historia del karate, pero tampoco es correcto ceñirme ciegamente a aceptar las versiones ajenas habiendo tantas interrogantes sin respuestas convincentes, sin antes haber averiguado y meditado. Y me concierne, como profesor e hijo de okinawenses, tratar de averiguar y verificar los datos que muchas veces no coinciden entre las diferentes versiones que relataré, para que cada lector elija a su criterio la interpretación que considere real.*
>
> Texto de Masatoshi Oshiro

Parece ser que existe evidencia de que las artes marciales shaolín se introdujeron en Japón desde el siglo XVIII, como es el caso, por ejemplo, del *okinawan shōrin-ryū* (少林流), una de las principales artes marciales modernas de Okinawa, así como uno de los estilos más antiguos de karate. Este estilo, que combina elementos de lucha tradicionales del Shuri-te (首里

手), fue fundado y nombrado por Chōshin Chibana (知花朝信), quien fue un estudiante destacado de Anko Itosu (糸洲安恒), quien a su vez fue también el mejor alumno de Matsumura Sokon (松村宗棍). Es cierto que los caracteres 少林 significan 'pequeño' y 'bosque', respectivamente, y se pronuncian «shorin» en japonés, pero también se usan en chino y japonés para decir shaolín, mientras que el carácter «ryu» (流) significa 'escuela' o 'estilo'; en otras palabras, se traduciría como 'escuela shaolín' (este texto no me corresponde).

Luchadores shaolines. Tal vez trasladaron sus conocimientos desde China a Okinawa.

Karatecas okinawenses. Al parecer, están practicando el kata Seienchin, o algo parecido.

Literalmente, karate mano vacía es una disciplina marcial, castrense y guerrera, y por tanto no puede ser un deporte, como algunos «virtuosos» e «ilustrados» predican y lo denominan. Esta disciplina de combate con técnicas defensivas y ofensivas, al parecer, está fundamentada en algunos estilos chinos y en diferentes disciplinas de combate originarias de Okinawa. Al parecer, siempre al parecer, porque en esta disciplina nada es inequívoco, tiene su origen durante el siglo XVI en las técnicas marciales nativas de las islas Ryukyu (Okinawa) y están especializadas en el uso de los puños, siendo influenciado por otras disciplinas originarias de otros países del sureste asiático. Y ya en el siglo XX este estilo marcial fue influenciado, en un principio, por diferentes criterios técnicos, tácticos y filosóficos procedentes de algunas de las artes marciales japonesas.

En principio, el Te (arte antecesor de este «karate moderno») surgió de la necesidad de los guerreros nobles de la isla de proteger al último rey de Okinawa, Sho Tai, y también protegerse de las muchas injusticias de los invasores japoneses.

Paso a paso, el Te fue prosperando en el reino Ryukyu, y más adelante se expandió, después se trasladó y se enseñó después de la era Taisho en el siglo XX, donde fue acreditado como karate-do como consecuencia de los intercambios culturales entre Japón y los habitantes de las islas Ryukyu. De esta manera se incorporó a la cultura de las disciplinas marciales tradicionales de Japón.

No voy a describir aquí las características fundamentales de las técnicas del karate ni los beneficios físicos, ni tampoco su posible utilidad como defensa personal, pues supongo que el que lea esta obra tendrá algún conocimiento sobre estas disciplinas, por lo que considero mejor no entrar a desgranar todos los atributos ventajosos y valiosos que conlleva la práctica del karate tradicional.

Las sucesivas prohibiciones a llevar armas en la historia de la isla de Okinawa y la importancia dada a las artes marciales sin armas se deben a que la isla, mucho antes de ser incorporada al *shogunato* de Japón, ya era un puerto libre y reino independiente, donde atracaban numerosas embarcaciones provenientes de varias partes de Asia. Durante este período, la vida fue aún más austera y restrictiva, obligando tanto a los nobles como al pueblo a desarrollar aún más los métodos de combate, tanto con manos vacías como con herramientas agrícolas o similares.

En el kumite tradicional (combate), las categorías no se basan en pesos entre rivales. Es decir, no existen los pesos, ya que el criterio de esta disciplina marcial es la defensa personal. La práctica del combate tradicional es actualmente practicada solo en los dojos auténticos que tienen asumido el karate tradicional.

Las escasas referencias poco documentadas sobre el karate solo se pueden verificar a partir de la aparición del maestro okinawense Yasutsune Anko Itosu, del cual nunca se ha conocido ningún escrito profundo, ni se tiene ninguna referencia o dibujo sobre ningún trabajo técnico de su karate, y solo por narraciones, parece ser que creó los cinco Pinan y Kushanku Dai. A partir de ahí nadie puede demostrar nada, incluso todo esto está por evidenciar.

Antes de 1900, casi nada se escribía sobre la disciplina del karate. En 1905 se escribieron algunas notas sobre karate kumite y, en 1908, Anko Itosu expuso sus diez preceptos en un par de carillas, pero ninguno de estos cortos escritos estaba creado para ser editado ni dirigido a un público en general.

Gichin Funakoshi, alumno de Anko Itosu, fue el encargado de contar todas las historias que le vino en gana sobre katas y otras falsedades, erigiéndose como fundador del karate moderno, traicionando el karate tradicional de su maestro Anko Itosu. En 1916, un año más tarde de la muerte de su maestro Anko Itosu (1915), Funakoshi se traslada a Kioto (Japón), donde realizó una demostración del karate de su maestro. Esta tuvo mucha aceptación y Funakoshi decidió establecerse en Japón para contar todas las fábulas que quiso inventar. Está claro que esperó a la muerte de su maestro para establecerse como heredero o primer soke de Anko Itosu y fundador del Shotokan, para que nadie le pudiese rebatir cualquier mentira, ya que su maestro había fallecido.

Existen muchas historias sobre este Funakoshi, la mayoría creadas por él. En 1922 publicó su primer libro, *Ryu Kyu Kempo Tode*, en el que trata reflexiones filosóficas e históricas sobre el arte marcial. Los originales de ese libro se perdieron en el terremoto de 1923 —qué casualidad—, lo que le llevó a publicar una nueva edición en la que introdujo numerosos cambios a su forma y estilo, y como se puede comprobar en la biografía de Gichin Funakoshi, este hombre fue cambiando y alterando sucesivamente la enseñanza que recibió de su maestro Yasutsune Anko Itosu.

No hago una crítica destructiva ni con ninguna intención de deshonrar ni ofender a nadie, solo recopilo datos sobre esta disciplina marcial del karate, y todos ellos me llevan a la conclusión de que nadie tiene la verdad y que no hay datos que aseguren nada de nada. Por lo tanto, todo aquel que asegure algo sobre estas historias de Gichin Funakoshi estará mintiendo, porque nada de esto es demostrable.

Guerrero samurái con su característica armadura y con la ilusoria catana anclada en su espalda (esto es de películas de cine). Desde la espalda no se podría sacar la catana de su funda, porque es curva y más alargada que el brazo. Los guerreros portaban sus catanas dentro de su saya (funda) en la cintura, en la parte izquierda, y al desenvainar, el filo de la hoja quedaba hacia arriba. He observado como algunos entendidos en esta materia, maestros (Sosa y Carrillo), mueven la saya para facilitar su salida (técnica de Iaido).

Unos dicen que fue Jigoro Kano (fundador del judo) el que visitó Okinawa y allí conoció a Gichin Funakoshi y presenció sus técnicas de lucha (karate), quedando asombrado de esa disciplina de combate, y que lo invitó a que visitara Japón y presentara su disciplina marcial. Otros dicen que fue Gichin Funakoshi el que se desplazó a Japón y conoció e intimó con Jigoro Kano, el cual presentó a Funakoshi en sociedad para que hiciese una demostración de aquella nueva disciplina marcial llamada karate. Con esta historieta se repite la cantinela de que nada es lo que es, y la totalidad del karate milenario se esfuma en una cortina de humo que muchos la dan como tangible y verdadera.

«Sobre estos guerreros samuráis se escribieron y se escriben grandes relatos y leyendas, pues la fantasía del pueblo chino, okinawense y japonés es exageradamente prolífera, inagotable y fecunda», Kazuhiro Kimura, 10.° dan de karate-jutsu.

Estas armaduras tan rígidas solo estaban diseñadas para torneos y luchas a caballo y, fundamentalmente, eran usadas y restringidas a generales y altos mandos por su escasa participación en los combates y batallas, identificándose con los rangos y jerarquías. También servían estas armaduras para diferenciar clanes o categorías de poder.

Comentando con mi amigo el historiador okinawense Kazuhiro Kimura, sobre la gran abundancia de máscaras y uniformes tan sofisticados y repulidos de estos guerreros, que se exponen a través de dibujos y en algunos museos, me explicaba que la mayoría de ellos no existen o no son auténticos y son inventados por el dibujante para transmitir mayor fiereza, y me afirma: «Si un guerrero tuviese que cargar con una coraza o armadura como esta, este samurái no podría desplazarse con soltura, y con tanta máscara y casco no podría ver por dónde andaba su enemigo en una batalla real».

Karate-jutsu, karate tradicional

Como toda disciplina marcial, debe caminar unido al renombrado Do

El significado de la palabra *jutsu* es 'ciencia o método'. En artes marciales, el término *jutsu* se utiliza en referencia a las técnicas y estrategias utilizadas en el combate real. Y la palabra do significa 'el camino'. En términos de artes marciales, el sufijo do se utiliza para inferir que el entrenamiento está predominantemente enfocado al desarrollo del carácter del practicante. Por lo tanto, *karate-jutsu* podría entenderse como aplicación del karate en situaciones reales, y *karate-do* sería la práctica del karate para desarrollar el carácter de los alumnos.

En estos últimos y recientes tiempos, el término *karate-do* ha llegado a estar asociado con un *karate* ineficaz que realiza escaso o nulo intento por trabajar los métodos altamente efectivos almacenados en los katas de karate. De hecho, ahora los practicantes de *karate-do* son a menudo menospreciados como ilusos individuos que practican un inefectivo arte para niños. En el otro lado del debate están aquellos que se etiquetan a sí mismos como practicantes de *karate-jutsu* y son vistos a menudo como peligrosos psicóticos que se deleitan con la violencia. El verdadero karate debería aglutinar a ambos, *jutsu* y *do*. Los dos enfoques de ninguna manera son mutuamente excluyentes y, de hecho, deben depender el uno del otro.

¿Pero por qué soslayamos la realidad? Y no reconocemos que el karate como defensa personal *(karate-jutsu)* puede llegar a ser violento, agresivo, crudo y áspero, ya que es una disciplina guerrera de defensa personal, y lo que hay que hacer a la hora de su práctica y su enseñanza es canalizarlo al mismo tiempo junto al llamado *karate-do,* que conlleva todas las características humanas y éticas del individuo que practica el karate u otra materia. El *do* significa todo lo ético que comprende el carácter positivo de todo ser humano, como la amistad, el sacrificio, la constancia, la disciplina, la humildad, el respeto a los demás y, en especial, a nuestros mayores, etc. El resultado y la suma de estas dos vertientes nos da el perfil en la primera versión de un karateca duro, fuerte, disciplinado y constante, posiblemente buen luchador en la calle. La segunda versión quizás pueda parecer contraria a esa primera versión, aunque no es así, nos da un perfil de un karateca disciplinado, sereno y calculador, que procura alejarse de la confrontación y evita todo lo que huela a conflicto, y que de entrar en alguna disputa o pelea si no puede evitarla, valora sus posibilidades. Este sería el perfil de un karateca que practica el karate de verdad, el karate como defensa personal, y al mismo tiempo respetando y asumiendo el Do.

Ejemplos de **karate-jutsu**. *Kumite tradicional.*

Maestro Gogen Yamaguchi (alumno de Chojun Miyagi, Goju-ryu), trabajando con sus alumnos jyu kumite.

Ganar una medalla en alguna competencia no tiene
nada que ver con el karate, es una manera incorrecta de pensar.
Este es el mayor problema para el futuro del karate.

Gogen Yamaguchi

Pero, por lo visto, alguien dijo que existen varios karates

Observando, investigando y analizando todo este entramado populachero de karate deportivo, karate tradicional, karate-do, karate de competición, karate playa, «prekarate» o «baby karate», etc., en una ocasión y con cierto asombro escuché al monitor de la Escuela Municipal de Karate de Antequera, en la presentación de la temporada 2023-2024, afirmar que en dicha escuela se ejercían diferentes variedades de karate, tales como karate deportivo, karate tradicional, prekarate, karate de competición y otros, ya que según él hay variadas modalidades de karate. ¿Cómo es posible que este monitor diga esa barbaridad? Nunca había escuchado tamaña insensatez. O sea, que aquel que se inscriba a esa escuela municipal podrá elegir la clase de karate que quiere practicar y podrá escoger entre los cuatro o cinco karates que esta escuela municipal oferta.

Este monitor, después de tantos años al frente de esa escuela municipal de Antequera, aún no ha comprendido nada sobre la disciplina que imparte. Me siento avergonzado y, en parte, culpable de haber sido el profesor durante muchos años de este señor, pues en vez de haber continuado con la línea y los adiestramientos recibidos de su predecesor, se ha dedicado a seguir las directrices de la Federación Andaluza de Karate, y así les va, una federación que hace tiempo perdió el norte y que ha convertido el verdadero karate en una caricatura parecida a una institución de *ballet,* por muchos afiliados que tenga.

Karate tradicional. Mujeres del dojo Kuro Obi, alumnas del maestro Akihiro Mieno. Año 1975, patio del colegio de los Salesianos del barrio de Capuchinos (Málaga).

Trabajo en el makiwara. Entrenamiento del karate tradicional okinawense.

Trabajo en Makiwara. Dojo Torcal.

1978, David Martín, hijo del autor. Dojo Kuro Obi, karate tradicional (Málaga). Hoy día, en Honbu Dojo Torcal Karate Jutsu somos los únicos dentro del estilo del gran maestro Anko Itosu que continuamos con las directrices, los sistemas y la herencia marcados por el maestro Akihiro Mieno.

Fotografía de hace cuarenta y nueve años, donde Rafi Portillo está aplicando técnicas de Kansetsu Waza-Nage Waza. Antiguo y vetusto dojo Kuro Obi, de calle Federico Chueca de Málaga, donde el maestro Akihiro Mieno del estilo Shito-ryu e Itosu-kai impartía las tradicionales y duras clases de karate. Por cierto, tengo que reconocer —y lo digo sin ningún resentimiento ni arbitrariedad, pues cualquiera que haya entrenado con ambos senséis estará de acuerdo con mi afirmación— que el maestro Akihiro Mieno era infinitamente superior técnicamente al senséi Soke Sadaaki Sakagami, presidente de la Asociación Itosu-ryu, al que siempre he considerado como un karateca más bien mediocre, tanto técnico como moralista, y que si ostenta la presidencia de esa asociación no es gracias a su escaso nivel técnico. Alguien podrá decir que no le tengo respeto a este señor Sakagami, pero es que este señor Sakagami no ha respetado a nuestro Dojo Torcal, ni a nuestros alumnos ni a mi persona. Por lo tanto, quedamos en un empate.

Entrenamiento tradicional, puro y duro. Al parecer, en Okinawa, castillo de Shuri.

Pequeña alumna. Dojo Torcal.

Año 1977. Entrenamiento en el dojo Kuro Obi de calle Federico Chueca de Málaga. En la foto, el autor, Luis Martín, impartiendo la clase para los pequeños karatecas en el antiguo dojo, donde el maestro Akihiro Mieno, uno de los precursores del karate en España, dio a conocer un estilo de karate real y tradicional que no tenía nada que ver con el karate deportivo que se practica en nuestros días. ¿Cómo es posible que maestros que arribaron a España en los comienzos del karate en nuestro país, como Yamashita, Ishimi y otros, no se hayan pronunciado contra el llamado karate deportivo?

La foto tiene cuarenta y dos o cuarenta y tres años, allá por el año 1982. Autor y su hijo practicando el kata Seienchin.

Con cierta frecuencia, practicamos trabajos de rompimiento (tameshiwari), ejercicios de karate tradicional. En la foto, David Martín Portillo, cinto negro de nuestro dojo, rompiendo once rasillones de material de construcción.

A la derecha, mi maestro senséi Akihiro Mieno junto a su amigo el senséi Tsuruoka del estilo Goju-ryu. Dojo Kuro Obi de calle San Juan Bosco (Málaga), 1975-1976.

Más antiguo aún, 1974. Dojo Kuro Obi de calle San Juan Bosco, junto a la barriada de Las Flores (Málaga). A la izquierda, el pequeño Luis Martín (hijo). Dojo muy angosto, pero muy entrañable y acogedor, donde comenzamos a dar nuestros primeros pasos junto al maestro Akihiro Mieno, mi maestro y mi gran amigo, el mejor profesor de karate con el que he practicado esta disciplina; sencillo, humilde, cercano y con un nivel que todavía, después de tantos años de prácticas y conocimientos, no he conocido a nadie que le iguale. Su karate, un karate duro, rayando en lo apasionado, fogoso y potente, que hoy día pocos practican, y que deberían practicar todos aquellos que se valoren, y que algunos han olvidado, pues el karate moderno y deportivo de hoy se ha convertido en un baile insulso y pobre.

Un día en la playa de La Misericordia de Málaga. Entrenamiento y diversión, año 1978. A la derecha, el maestro Akihiro Mieno sujetando a Luis Martín Portillo, hijo del autor.

Grupo de Hojo Undo en Dojo Torcal. Nos iniciamos gracias al senséi Cifuentes. En nuestro estilo Itosu-Ha trabajamos karate tradicional.

Foto muy antigua y deteriorada. Chojun Miyagi, entrenando con alumnos en un patio y con artilugios de Hojo Undo. Okinawa, año 1920 o 1925 o 1928, vaya usted a saber. Puro Karate Tradicional

Foto muy antigua y deteriorada. Kyhan Chotoku entrenando con algunos de sus alumnos, con mancuernas y artilugios caseros. En la actualidad muy pocos dojos entrenan Hojo Undo y la mayoría de ellos se localizan en Okinawa.

Entre estas dos fotos existe una diferencia de más de cuarenta años. En la foto, senséi Luis Martín Portillo, 6.º dan Itosu-ha karate-jutsu, trabajando Hojo Undo con el kongoken (año 2023).

En esta foto, Luis Martín Portillo, entonces 1.er dan, realizando ura mawashi geri, cuarenta y dos años antes, con quince años. Posiblemente, puede ser, es posible, 1981-1982.

Al Hojo Undo se le conoce como «ejercicios complementarios» y hace referencia al acondicionamiento utilizado solo en las artes marciales, en especial en el karate. El Hojo Undo fue diseñado para el desarrollo de la fuerza física trabajada con ambas partes del cuerpo, potenciando la resistencia muscular, la velocidad y la firmeza de posición. En el entrenamiento de Hojo Undo se utilizan herramientas sencillas y tradicionales propias de Okinawa, elaboradas fundamentalmente de madera, piedra, hierro y otras materias.

Periódicamente y a modo de recordatorio, entrenamos con utensilios de Hojo Undo, trabajo con materiales propios del antiguo entrenamiento okinawense. Nuestro Honbu Dojo está debidamente equipado con toda clase de materiales tanto de karate, de kobudo y de Hojo Undo, de esta manera nuestros alumnos tienen todas las ventajas y posibilidades de poder entrenar cualquier faceta del karate tradicional.

Karate tradicional okinawense, trabajo más personalizado y más real, siguiendo la línea más pura de los antiguos maestros, nada de competición y más dedicación a la lucha.

Luchadores okinawenses.

Al parecer, este grupo de estudiantes están practicando el kata Nainfanchin. Como se puede comprobar, el vestuario de estos karatecas es curioso y diverso. Y, como queda claro aquí, no había competición, se entrenaban como un homogéneo equipo de guerreros preparándose para la lucha cuerpo a cuerpo. No es kumite, pero poco le falta.

Luchadores okinawenses.

Aunque no somos muy diestros ni versados, a veces nos arriesgamos a entrenar algo de kobudo de la mano del senséi Germán Flores. Hace unos años entrenamos en varias ocasiones con el maestro Hentona.

David Martín Portillo, cinturón negro y exdelegado nacional de la Nippon Karate-do Itosu-kai. Renunció a su cargo por las incorrectas prácticas de esa asociación.

Luchadores okinawenses. Karate tradicional.

«No es honorable hacer del karate tradicional un deporte de competición», Higa Yushoku.

Karate deportivo, karate negativo, no karate

Estas técnicas no son reales, son mera exhibición y técnicas imposibles e ilusorias.

Karate deportivo. Esta manera de trabajar no es real, las técnicas que se aplican no son viables en la defensa personal en la calle. Estas técnicas están entrenadas para la competición y la exhibición, como un número circense.

«Prekarate» y «baby karate» son dos modalidades que se inventaron unos señores para rascarles los bolsillos a los padres, con las historias de que el karate es buenísimo para reforzar los estímulos del menor, fortalecer el desarrollo del esquema corporal por medio de ejercicios técnicos del karate y, al mismo tiempo, ayudar al desarrollo psicomotor en los niños entre tres y cinco años, además de otros «extraordinarios» beneficios que habilitarán a los pequeños para una buena puesta a punto en los comienzos de la enseñanza del karate.

En esto del «prekarate» y «baby karate», cada escuela tiene un programa diseñado por ellos y lo van modificando según los criterios de los instructores, no habiendo un programa común y estandarizado, previo estudio por parte de verdaderos profesionales que determinen los auténticos logros de esos programas. Pero la realidad está en que un niño de tres o cuatro años no tiene la capacidad de aprendizaje ni está preparado para aprender karate. El karate es más severo y complicado que otras disciplinas deportivas. Con esas edades, un niño no conoce aún cuál es su pierna izquierda o derecha, ni sabe lo que es controlar un golpe. En el supuesto de que admitas en tu dojo a niños de cuatro años, tendrás que dedicarles un trabajo muy específico, basado y encaminado no al combate, sino a trabajos de juegos similares y cercanos a la lucha, pero sin intentar adentrarlos en esta, pues a esas edades no es conveniente introducirlos en la disputa ni en la confrontación con otros compañeros, ya que puedes convertirlos en niños agresivos. Por tanto, con estos niños tendrás que hacer un trabajo de psicología. Todos esos beneficios anteriormente descritos por los que inventaron el «prekarate» y el «baby karate» los puede conseguir el niño a través de cualquier otro deporte, y siempre jugando.

¿Esto para qué sirve? ¿Esto es defensa personal? ¿Este es el karate de Anko Itosu? ¿Este kata cómo se llama, el kata del abanico? ¿Este es el karate que queréis? ¿Pero qué estáis haciendo, fulleros?

Diferencia entre el trabajo del karate japonés y el karate okinawense. Como se puede observar, y como así fue divulgado por senséi Gichin Funakoshi, el karate japonés fue deformado con el cometido de conducirlo hacia el trabajo con grandes grupos y con la finalidad de introducirlo en las escuelas y universidades con el objetivo de implantar la competición.

Cuando Funakoshi introdujo el karate en Japón, casi todo el karate cambió. Aquí comenzó la competición, los katas se cambiaron según interesaban a los nuevos maestros, muchos nombres fueron alterados y cambiados, muchas técnicas nuevas afloraron en los combates de kumite llamado «deportivo», muchas posiciones y técnicas nuevas aparecieron en los katas de competición, aparecieron los varios colores de los cintos y, al mismo tiempo, aparecieron katas nuevos que jamás habían surgido, porque al parecer solo algunos «afortunados» los conocían. Los propósitos del karate de Japón no siguen junto al camino del karate okinawense, y si echamos un vistazo a la historia del karate nipón, se puede ver que fue configurado para ajustarse a la vida moral e idealista del llamado Do, dejando a un lado la verdadera esencia del honorable karate auténtico y tradicional okinawense, fundamentalmente orientado a la autodefensa.

No aprenderás karate de verdad si solo te dedicas a la competición de katas y al kumite deportivo.

Sí, tú puedes aprender karate como defensa personal, aunque no trabajes katas. No obstante, el kata te puede ofrecer bastante ayuda en ciertos aspectos, para entender la aplicación de distintas técnicas más o menos efectivas.

Este senséi, señor Gichin Funakoshi, llamado el «fundador del karate moderno», fue el causante de la dispersión del karate, pues cambió y alteró toda la enseñanza de su maestro Yasutsune Anko Itosu y se dedicó a inventar y alterar nombres de katas y técnicas establecidas por su maestro. ¿Este señor peleó alguna vez? ¿Se le reconoce alguna pelea? En el karate todo el mundo opina, pero muy pocos han peleado en la calle de verdad. Por ejemplo, al kata Naifanchin que le enseñó su maestro Itosu le cambió el nombre y le puso Tekki, y así todo.

Si leemos el comienzo del prefacio del libro *Karate-do, mi camino,* de este señor Funakoshi, dice: «Hace cuatro décadas que me propuse realizar lo que ahora considero un programa enormemente ambicioso: introducir entre el gran público japonés el complejo arte de Okinawa, o deporte, que ha venido a llamarse karate-do, 'el camino del karate'». O sea, que este señor ya deja por sentado el adjetivo *deporte*, con lo cual no me merece ningún respeto este señor Gichin Funakoshi. Todo aquel que califique al karate como deporte no merece el respeto de un verdadero karateca. Repetiré una y mil veces que la única verdad es que el karate nació para la defensa personal, y no para la competición.

No cabe duda ni discusión de que el karate nació como lucha, y todo aquel que lo ponga en duda es que no tiene ni puñetera idea sobre esta disciplina marcial. Por tanto, y como es obvio, todo el conglomerado de técnicas de lucha de aquellos «maestros», guerreros o luchadores, al cual se le atribuyó el nombre de karate, nació mucho antes que los katas, y estos katas afloraron más tarde como un entrenamiento adicional que recopilaba la mayoría de técnicas de los golpes y defensas en el arte de la lucha okinawense y que se entrenaba en solitario aplicándose a adversarios imaginarios.

Karate moderno, iniciado y adulterado por Funakoshi (en grupos y competitivo).

A diferencia del karate tradicional, el llamado karate deportivo aglutina una serie de revoltijos y minidisciplinas que nada tienen que ver con el karate como defensa personal, y que se alejan de todo lo relacionado incluso con ese negativo karate deportivo.

El verdadero karate tradicional, desde antiguo, siempre se ha caracterizado por su forma de representar su lenguaje natural, el japonés. Sin embargo, en estos últimos tiempos y desafortunadamente se están empleando palabras inglesas y otros conceptos, dejando a un lado y sin ningún pudor el verdadero idioma del karate. Estos que van urdiendo y distorsionando el karate, ya sea inventando katas, vocabularios y nuevas conjeturas, son la nueva especie invasora y deshonrosa que nos ha asaltado en estas dos o tres últimas décadas.

A los agarres y forcejeos ahora les llaman *grappling,* traducido al castellano como 'agarres', y se lo aplican también a la lucha cuerpo a cuerpo del karate, cuando de toda la vida le he llamado a los agarres *tsukamis,* porque así me lo transmitió mi maestro Akihiro Mieno. El *tsukami* puede ser agarre defensivo *(tsukami uke)* o agarre de acometida *(tsukami uchi).* Jamás hice técnicas de agarre y forcejeo *grappling.* Mi maestro me enseñó que el karate fue diseñado para la lucha en distancia corta y media, y si vas a luchar de verdad, procura mantener a tu enemigo a distancia. Si llegara a sujetarte y forcejear, tu solución como karateca será emplear un *atemi* a un punto vital *kyusho,* y si vas al suelo, te las arreglas como puedas, porque si quieres tener muchas posibilidades en el suelo, tendrías que trabajar un apartado de otra disciplina. Está claro que si trabajas mucho *kyusho* tendrás numerosas oportunidades de salir airoso en la lucha del suelo. Hay alguna gente que habla y expone sus teorías sobre que dentro de los katas existen técnicas de agarre, pero todo es debido a la anarquía, el desorden y la nulidad del karate moderno de Gichin Funakoshi. El ejemplo más evidente lo podemos tener en los katas Pinan de Itosu: ningún Pinan tiene técnicas de agarre ni forcejeo específicas.

Otra expresión usada demasiado en el karate moderno de competición es el término *timing*, anglicismo del inglés *time* ('tiempo'), traducido como el uso del ritmo, de la velocidad y de las pausas en la disciplina del karate. Esto es un rollo patatero de algunos entrenadores del karate de competición para darse importancia. Estas y algunas otras impurezas han sido introducidas por esta tropa de malandrines que se dicen karatecas.

Otra de las grandes diferencias, y quizás la más importante, radica en que el deporte de competición busca, en la mayoría de los casos, ego, medallas, dinero y reconocimiento. Todo aquel que se inicia en un deporte y demuestra que posee ciertas aptitudes para el desarrollo de ese deporte que practica está en esa lanzadera. Sin embargo, los deportes no competitivos no están expuestos a esos incentivos baladíes y fútiles. Aquellos que no practican deportes competitivos entrenan simplemente por ocio y porque aprecian el deporte que practican, sin esperar ninguna recompensa, solo la satisfacción de practicar ese deporte. Y, al mismo tiempo, en la mayoría de los casos, realizar deportes no competitivos conlleva que les cueste su dinerito, ya que no reciben ninguna subvención ni ayuda de nadie. ¿Por qué el fútbol, el balonmano o el atletismo reciben unas subvenciones cuantiosas, y la gimnasia, el karate, el tiro con arco, el tenis de mesa, el voleibol, la petanca, la escalada, el ciclismo y otros reciben una poca m...? En fin... Una vez más, me quedo satisfecho con mis diatribas argumentadas y creo que muy justas. Vuelvo al contenido del karate deportivo, negativo y no karate.

¿Y esto qué es? ¿Haciendo katas por equipos en pantalón corto? Al parecer, esto es una nueva modalidad, ¿o es un entrenamiento? Sea lo que sea, llevo muchas décadas viendo karate y jamás había visto cosa igual. Claro que también he ido observando las peripecias y despropósitos de algunas federaciones, y ya no me asombro de nada al reparar en que «cada vez lo hacen mejor». Así no se entrenaba antes.

¿Quién es aquel lumbreras de esa federación que ha inventado y organizado este bodrio? Una cosa es entrenar en la playa a unas horas prudentes y sin público, por cambiar el dojo y entrenar un día en la naturaleza, y otra es hacer un campeonato entre hamacas y bañistas. Menudo cohete. Estos padres estarán encantados de que cuatro bañistas vean a sus hijos hacer algunas piruetas y ejercicios más o menos aparatosos. Y hay otros que organizan maratones de katas, o las veinticuatro horas de katas, o la semana del kumite. ¡Vamos, como el que hace churros!

Pero la realidad es que estoy en la verdad, esto no es karate, esto es una feria y un despliegue que no tiene nada que ver con el verdadero karate y la defensa personal. Y ahora que venga alguien y me diga lo contrario.

Y mira que están graciosos los jueces con sus sombreros panameños. Al artista que ha inventado esta modalidad le tendrían que dar el 9.º dan. Menuda payasada.

Nosotros

Como una nota anecdótica, me recuerda y me comenta un exalumno que en una reunión que sostuvimos con un concejal de Deportes de Antequera, tres alumnos míos y yo, representando al Gimnasio Dojo Torcal, le sugerimos la posibilidad de organizar anualmente una gala de artes marciales en el Fernando Argüelles a beneficio de alguna ONG, tomando el relevo de la gala que se celebraba en Málaga y que organizaba la Asociación Amako todos los años, y que después de su XXV aniversario dejó de celebrarse por diferentes razones. De esta manera, se pretendía relanzar y darle prestigio a esa Escuela Municipal de Karate de Antequera. Esta sugerencia cayó en saco roto.

Esta anécdota la muestro como ejemplo de cómo no debe funcionar un auténtico dojo, encerrándose en sí mismo, no reciclándose y permaneciendo en un total inmovilismo y apatía, demostrando así la incompetencia de sus dirigentes.

Una gala de artes marciales no representa ningún coste para el Patronato Deportivo Municipal de Antequera, pues hace unos años nuestro dojo organizó dos magníficas galas con las gradas muy concurridas, y sería un atractivo deportivo que añadir, poco usual y poco visto. Sin embargo, ese Patronato sí permite que la Federación de Taekwondo celebre su campeonato anual en el Argüelles sin ninguna dificultad, dando todas las facilidades que esa federación requiera.

2013, primera gala de artes marciales en Antequera (pabellón Fernando Argüelles). A beneficio de AEFAC. Organizado por nuestro Dojo Gimnasio Torcal de Antequera, de calle San Pedro, 65. Como se puede observar, el pabellón Fernando Argüelles estaba repleto de gente venida de distintos puntos de Andalucía. El Patronato de Deportes no aportó ni un real.

2013, primera gala de artes marciales en Antequera a beneficio de AEFAC.

Primera gala de artes marciales de Antequera. Mesa de autoridades y trofeos.

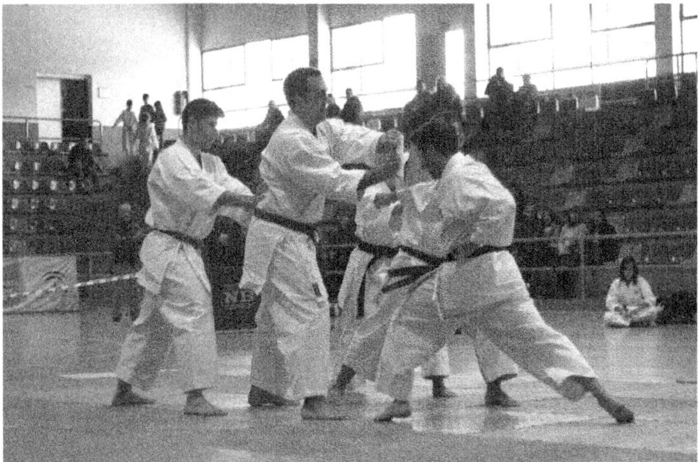

Rompimiento (tameshiwari) a cargo de David Martín, cinturón negro de nuestro Honbu Dojo Gimnasio Torcal. Segunda gala de artes marciales de Antequera. Organizador: Honbu Dojo Gimnasio Torcal de Antequera, calle San Pedro, 65.

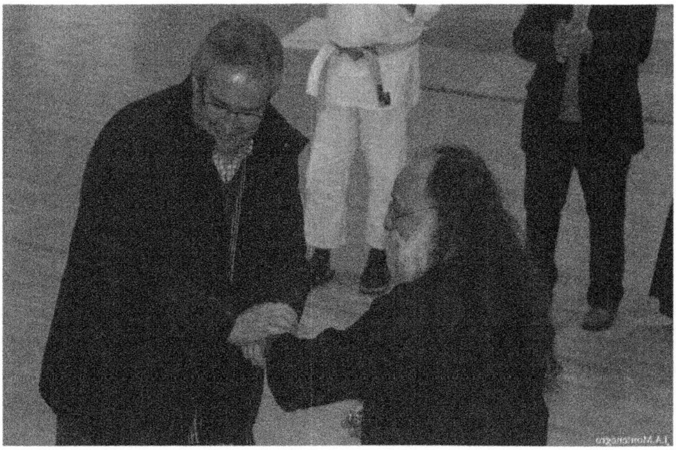

Entrega de diplomas y trofeos a los dojos participantes. Maestro don José Sosa Racero y un concejal de Deportes. Segunda gala de artes marciales de Antequera a beneficio de AEFAC. Organizó Gimnasio Honbu Dojo Torcal de Antequera, de calle San Pedro, 65. Repito y remacho, el Patronato Deportivo Municipal no puso ni un real. Pero para el fútbol y el balonmano, sí suelta mucha pasta.

Armadura de kendo, shinai en mano, senséi Germán Flores. Segunda gala de artes marciales de Antequera. Organizador: Dojo Gimnasio Torcal, de calle San Pedro, 65.

Escuela Zendo Ryu, maestro José Sosa y sus alumnos de Málaga. Segunda gala de artes marciales de Antequera. Organizador: Gimnasio Dojo Torcal, calle San Pedro, 65.

Entrega de trofeos y placas a todos los participantes de la segunda gala de artes marciales de Antequera. Todo pagado del bolsillo del Honbu Dojo Gimnasio Torcal de Antequera, ejemplo palpable de cómo no debe funcionar un patronato deportivo y de cómo no se potencian los deportes minoritarios. El fútbol y el balonmano son los deportes considerados prioritarios; el resto, «al carajo».

Realizando un repaso y un estudio sobre estas anomalías, llego a discernir los motivos por los cuales esa escuela, que en su momento llegó a tener ciento ochenta alumnos, ahora sea una escuela sin espíritu. Pienso —y no me equivoco— que, por una parte, ese patronato tiene poca fe y poco interés en esa escuela y, por otra parte, pienso que los que dirigen esa escuela no tienen capacidad ni iniciativa para organizar nada de nada que no sea dar clases, posiblemente monótonas y soporíferas. Y lo ha empeorado aún más, pues últimamente se le han adherido unas nefastas rémoras que le indican la línea y el trabajo a seguir. Y, miren por dónde, entre esas rémoras otra vez aparece «mi gran amigo», el traidor Bellido Dolfos, 6.º dan de la Federación, que escribe en Internet y pone su foto con su traje y su corbata y que anuncia «etimología de tal kata», y allá suelta una verborrea explicando los katas que ha copiado de por aquí y por allá. ¡¡Todo quimera!! Este señor, como no posee dojo propio, y cómo buena rémora que es, va buceando y buscando donde acoplarse para después hacerse el amo del cotarro. ¡Menudo pájaro! Publico estas historias reales para dar a conocer los entresijos, martingalas, falsedades, traiciones, insidias y deslealtades que existen en el mundillo del karate, disciplina que se supone muy respetable, pero que, como veréis, en realidad no es tan respetable.

Participamos en otras actividades y galas en las que somos invitados, demostrando que nuestro dojo tiene la veteranía y el nivel para acudir y ayudar en cualquier evento donde se nos requiera.

Como queda claro, en esta escuela municipal de karate son ineficaces a la hora de organizar nada, ni se reciclan ni asisten a seminarios invitando a diferentes maestros de la misma disciplina, ni invitan a maestros reconocidos para que impartan algunas clases y que los alumnos vean el trabajo de otros estilos y otras disciplinas. Eso sí, llevan a los pequeños a un circuito provincial que solo sirve para sacar licencias para la Federación y hacerse alguna foto con algún que otro medallista. ¿Alguien me puede decir para qué sirve ese circuito provincial?

Hay cosas que no las puedo digerir y que tengo que vomitar, criticar y denunciar. Y esta carta al director de *El Sol de Antequera* es una de las muchas anomalías a las que hago alusión, y no solo las denuncio como karateca, sino como ciudadano, pues pago mis impuestos para que luego se inviertan en chorradas que no sirven para nada, porque para usar *nunchakus*, bos y tonfas hay que ser un experto y monitor en estas disciplinas de kobudo, especialidades de las que carecen los que dirigen la Escuela Municipal de Karate de Antequera. Este concejal de Deportes no tiene ni pajolera idea de karate; por lo tanto, se tiene que fiar del monitor de esa escuela. El problema radica en que ese monitor, al parecer, tiene escaso nivel para dirigir un dojo o una escuela. Esperemos que este concejal se informe a través de otras fuentes sobre los dislates de este monitor.

Algunos dirán que me cebo en mis diatribas hacia esa escuela municipal, pero como amante experimentado del *karate-jutsu* (el verdadero karate), no permito que divulguen mentiras sobre esta disciplina marcial y, por tanto, denuncio cualquier movimiento o discurso que esté lleno de falacias y falsedades.

En nuestro Honbu Dojo de calle San Pedro, 65, de Antequera, el karate tradicional está presente en todo momento. El respeto y la tradición se vienen materializando a través de actos como este.

Sobre la Escuela Municipal de Kárate

Por **Cartas al Director** 21/02/2020 12

Teniendo noticias que desde el Área de Deportes del Ayuntamiento de Antequera se ha invertido una cantidad de euros muy respetable, y que según los responsables, con miras a revitalizar, mejorar y ampliar la Escuela Municipal de Kárate, y que parte de esa inversión se ha empleado en adquirir varios ejemplares de BO, NUNCHAKUS, TONFAS... artilugios propios de la disciplina marcial del KOBUDO okinawense.

Según mi opinión y de esto sé bastante, tengo que decir que esa inversión es absurda e innecesaria, puesto que para practicar y enseñar Kobudo hay que tener un gran nivel en Kárate y tener la titulación de profesor de Kobudo, grado y título que la Escuela Municipal de Kárate al parecer carece en este momento.

No se debe gastar un dinero en algo que se desconoce y que es contraproducente para niños pequeños, a no ser que entrenen en un Escuela propia de Kobudo y con un profesor cualificado en dicha disciplina.

Si alguien no estuviera de acuerdo con lo que manifiesto, por favor que se dirija a mí personalmente y no me rebata a través de otros ámbitos, pues no sería muy correcto el escudarse sin dar la cara.

LUIS MARTÍN RUIZ, Delegado en España de la International Japan Kárate Do

Tengo que reconocer que ser delegado de la Nippon Karate-do Itosu-kai y ser director técnico de esa asociación es una poca leche. Yo, hace años, fui también delegado y también fui una poca leche, pues resultó que esa asociación también es una poca leche.

A la izquierda, Sadaaki Sakagami, presidente de la Asociación Japan Karate Do Itosu Ryu; en el centro, Luis Martín, autor de este libro; y a la derecha, Ayumu Oda, secretario de esa asociación. Este Sakagami tuvo la desfachatez de manifestar, en un escrito que conservo, que no me conocía (cuando he cenado en varias ocasiones con él) y que nuestro dojo quedaba expulsado de su asociación por no seguir su línea. Por eso, suelo decir que no hay que fiarse de todos los maestros y senséis japoneses: unos tienen honor y reminiscencias de aquellos samuráis de las películas y otros son farsantes peseteros sin honor ni ética.

Recapitulando: en nuestro Dojo Gimnasio Torcal se practica el *karate-jutsu*. El término *jutsu* se utiliza con relación al combate real y, por lo tanto, el *karate-jutsu* podría entenderse como la aplicación del karate en situaciones reales. Y termino: en nuestro dojo y estilo, contemplamos el verdadero karate como la unión del «jutsu» y el «do», y, de hecho, dependen uno de otro.

Nuestro trabajo está basado en técnicas reales, para situaciones reales. La mayoría de ellas se fundamentan en trabajos de *kyusho*, trabajo que en escasos dojos desarrollan, pues se dedican al trabajo de karate deportivo, de competición y de otras minucias.

Procuramos contactar y organizar con frecuencia encuentros, cursos y seminarios con otros dojos y maestros que estén en nuestra línea y trabajen una disciplina tradicional y efectiva. Estamos al día, no con las técnicas, tecnologías y estrategias de lucha, porque dentro de las disciplinas marciales todo está dicho, sino con el trabajo continuo y duro de nuestros alumnos en la defensa personal, que son los principales cimientos del karate.

Teisho uchi a la base de la nariz. Posible, aparatosa y peligrosa rotura nasal.

Técnicas de *kyusho* que regularmente entrenamos en nuestro dojo.

En el llamado karate deportivo, estas técnicas no se emplean. Esto es karate tradicional.

Kyusho, técnicas de ataque dirigidas a puntos vitales

A veces pienso que quizás, después de tantos años dedicado a la pedagogía del karate, esté equivocado a la hora de transmitir a mis alumnos los verdaderos objetivos de esta asignatura, pues no paro de observar que cientos de profesores, senséis y otros asumen esta disciplina marcial como un juego, sin darle el valor que intrínsicamente conlleva la enseñanza del karate. Algunos enseñando katas a diestro y siniestro para competir y ser los mejores, sin mostrar el significado de algunas de las técnicas aprovechables de esos katas; otros se dedican a ponerles un casco, un peto, unas espinilleras y unas guantillas homologadas por la FEK (con la pasta que valen) a niños de tres y cuatro años para que hagan kumite. Y, claro, estos pequeños levantan las piernas para pegar patadas como si estuviesen pegándole patadas a un balón, y se lían a manotazos, todo esto sin ton ni son y sin saber lo que están haciendo, ya que a esa edad un niño no aprende ni comprende nada de esta disciplina harta compleja. Otros inventan competiciones donde se presentan toda clase de artilugios, saltos mortales y trajes tan pintorescos como los de los payasos de un circo, diciendo que es una competición de karate tradicional. Pues sí, es posible que yo esté equivocado y el verdadero karate sea ese, y no el que yo transmito en mis clases enseñándolo desde hace varias décadas y dedicándolo solo y exclusivamente a la defensa personal y al karate tradicional, *karate-jutsu*.

¿Y a qué viene todo esto que explico? Pues a que, dialogando sobre las técnicas de *kyusho*, también había gente que se cree importante y afirma estupideces para quedar como los primeros de la clase. Algunos describen el *kyusho* como «puntos prohibidos», y otros preguntan la ingenuidad de quién fundó o creó el *kyusho*. Y como estas gansadas encontramos decenas y decenas.

El *kyusho* es posiblemente el capítulo más importante de este arte marcial y, en este caso, al ser el karate un sistema de combate y lucha, el *kyusho* es el máximo alegato para defender tu vida y la de los tuyos llegado a un caso extremo. Eso de «puntos prohibidos» es una mojigatería si tuvieses que defender tu vida. ¡Si enseñas karate, tienes que enseñar toda la gama de ataques y puntos donde atacar! Y tendrás que repetir numerosas veces a tus alumnos: «¡Controlad! ¡Controlad!». Si no trabajas o practicas las técnicas de *kyusho* no estás haciendo karate total ni real.

Y en ese diálogo alguien afirmaba que el *kyusho* es un arte, porque durante muchos siglos estuvo en el secretismo y su conocimiento solo estaba reservado a un reducido y muy selecto grupo de personas. ¡¡Menuda gilipollez!! Otra vez tenemos aquí a estos «eruditos y sapientes» de la historia. ¿Cómo se le puede llamar arte al hecho de meter un dedo en un ojo? ¿Cómo va a ser un arte pegar una patada en los genitales? ¿Cómo va a ser un arte pegarle un mordisco *(hitokushi)* en el cuello o en otro lugar del cuerpo? ¿Cómo va a ser un arte golpear la tráquea? ¿Cómo va a ser un arte pegar un cabezazo *(atama)* al rostro? ¿Cómo va a ser un arte golpear con *shuto* a la carótida? ¿Qué clase de máster hay que hacer para lanzar un *nihon nukite* a ambos ojos? Cada vez me asombro más al escuchar a esta gentuza que afirma y escribe necedades. «El *kyusho* es un capítulo más, pero prioritario, dentro del karate tradicional», Luis Martín.

Según Internet, el *«modern kyusho»*, por lo visto, fue fundado por un tal señor George A. Dillman, que según dicen es una de las personas más prominentes de la era del arte marcial estadounidense. ¡Pero vamos a ver! Si el *kyusho* existía y estuvo durante siglos en el secretismo, ¿cómo puede ser que este señor George A. Dillman sea el fundador, inventor o lo que sea? Lo dicho, todo fantasía y engaños para sacarles la pasta a los incautos.

Toho (boca de tigre), como agarre de presión sobre la tráquea. Técnica muy peligrosa, puede hacer un daño devastador y mortal.

Shuto uchi a la arteria carótida. Mediante este golpe se puede obstruir el riego sanguíneo del cerebro y llegar a perder el conocimiento.

Las técnicas de *kyusho* están diseñadas para la lucha en la calle, siempre y cuando nuestra integridad física se encuentre amenazada y en riesgo muy peligroso.

Técnica de kumade a los ojos. Pérdida de visión y posible lesión ocular.

Shuto uchi intercostal, rotura de costilla. Lesión muy dolorosa y deficiencia respiratoria.

Nihon nukite a los ojos. Posible pérdida de visión y posible lesión ocular.

King geri, patada gedan dirigida a genitales. Efectos muy dolorosos, causándole al oponente la pérdida de control y de respuesta.

(Hiji ate) Enpi Uchi a las vértebras cervicales. Posible lesión peligrosa sobre discos vertebrales con probables daños irreversibles. Elena y el senséi Luis.

Haito uchi yodan. En este caso, ataque al hueso temporal protector del lóbulo temporal del cerebro. Efectos de pérdida de orientación y respuesta al ataque.

Shuto uchi, ataque con el canto de la mano a la parte cervical. Golpe peligroso que puede dejar inmovilizado al adversario, al impactar en los nervios espinales.

Haito uchi, golpe a la tráquea con la parte interna de la mano. ¡¡Peligro!! Puede ser un golpe fatal o de mucha peligrosidad. ¡Control, mucho control!

Ataque de rodilla hiza geri al rostro del oponente. Este ataque, por su contundencia y potencia, puede dejar knock-out al adversario.

Kansas geri o kansetsu geri, golpe con el canto del pie a la articulación de la rodilla por la parte de la corva. Esta patada puede romper algún ligamento o fracturar parte de la rodilla.

Patada similar, kansas geri, por el interior de la rodilla. Aún más peligrosa, pues la pierna dobla hacia fuera en una posición opuesta y poco ortodoxa.

Durante muchos años, en demasiadas ocasiones me he detenido para profundizar, analizar e intentar averiguar por qué el verdadero karate como defensa personal ha degenerado en otra cosa muy distinta para lo que fue establecido. Y después de leer, escuchar, observar y contemplar a cientos de profesores, senséis y maestros durante varias décadas, siempre llego al mismo desenlace: la realidad es tan palpable que no necesita tanto análisis, y el resultado nos lleva hacia unos profesores y senséis que han perdido el verdadero sentido del karate y, por lo tanto, no son verdaderos karatecas. Unos solo les hablan a sus alumnos de katas y de la forma correcta de realizarlos y que si en tal estilo lo hacen de esta o de la otra manera, y ellos los ejecutan de tal o cual forma, y discuten sobre sus posiciones, sus distintas y magníficas técnicas, sus nombres y sus historias, de dónde proceden y quién los inventó, y que si el estilo es tal o cual. Y venga repetir y repetir el kata para intentar llegar al *summum* de su realización. Otros hablan sobre las maravillas del trabajo riguroso de las técnicas de kihon y de las diferentes formas de entrenamiento, y son tan ilusos que emprenden una carrera para ver quién hace un entrenamiento más complicado y aparatoso para quedar como un gran innovador del entrenamiento estratégico, y las clases las convierten en verdaderos potros de tortura para sus alumnos, creyendo que de esta forma los alumnos serán los más fuertes y resistentes del lugar. Y otros hablan de la competición y entrenan a sus alumnos con el solo objetivo de conseguir medallas, machacando katas y *shiai kumite* hasta la extenuación para llegar al objetivo marcado y salir en el periódico de turno o en Internet con el premio colgando de su cuello. Otros emprenden un recorrido a través de Internet explicando y difundiendo cientos de vídeos, dibujos, técnicas, historias falsas, katas, explicaciones sin sentido, técnicas por capítulos, explicaciones de katas sin ningún fundamento, etc.

Pero después de observar toda esta mescolanza de despropósitos de estos profesores, me pregunto: si el karate nació únicamente como una manera de lucha para la defensa personal, ¿cómo es que todos estos profesores y senséis nunca hablan a sus alumnos sobre una posible lucha en la calle y simplemente practican sus clases como un entrenamiento deportivo sin otro objetivo que el de simple pasatiempo y ocio? No estoy diciendo ningún desatino, estoy diciendo una realidad palpable y real. En cientos de dojos, las clases se han convertido en simples entrenamientos de técnicas de kihon y katas más o menos rigurosos, repetitivos y dilatados, dedicados exclusivamente a la competición y al karate deportivo, como un deporte más u otro deporte cualquiera sin ninguna premisa o argumento relacionado con la verdadera lucha callejera y, en definitiva, con la defensa personal. Y no entro a discernir ni valorar otros adiestramientos de lucha, como podría ser el taekwondo y otros, porque ¡apaga y vámonos! ¡Viva el olimpismo de las artes marciales!

El dojo

Dōjō es el término empleado en Japón para designar un espacio destinado a la práctica y enseñanza de la meditación o las artes marciales tradicionales (Koryu Budo). En japonés, *dōjō* (道場) significa literalmente 'lugar del despertar', donde se conoce y se practica la vía zen universal. Es decir, se refiere a la búsqueda de la perfección espiritual, física y cultural. Tradicionalmente, es supervisado por un maestro de la vía o camino, el senséi.

Descripción y distribución del espacio en un dojo

El dojo es un espacio cerrado o al aire libre de forma rectangular o cuadrada, influenciado por el sintoísmo japonés, donde cada área posee un nombre y una función determinados. El frente del dojo, comúnmente, recibe varios nombres: *shomen, kamiza, kamidana y tokonoma.* Pero estos términos no son sinónimos, sino que cada uno tiene un significado diferente. He aquí las diferencias:

Kamiza o *shinza* (上座): Es el asiento de los instructores al frente del dojo.

Kamidana (神棚): Es el altar sintoísta o budista, presente al frente del dojo. En él se da la bienvenida a los espíritus de los ancestros o *kami*. Contiene símbolos tradicionales o las imágenes de los maestros fundadores del arte marcial a desarrollar.

Shomen (正面): Es el frente del dojo, la pared opuesta a la entrada. En la tradición japonesa, suele apuntar al norte.

Tokonoma (床の間): En el dojo, se refiere al espacio físico donde se encuentra el *kamidana.*

Otras partes:

Joseki: Es el lado derecho del dojo, donde se sientan los estudiantes de mayor grado o experiencia.

Shimoseki: Es el lado izquierdo del dojo, donde se sientan los estudiantes que aún no poseen suficiente experiencia o grado en el arte marcial a desarrollar.

Shimoza (下座): Es el lado opuesto al *kamiza*, donde los estudiantes se sientan por disposición de graduación según el grado por cinturones (kyu-dan) o antigüedad, en filas.

Este organigrama humano de espacios y lugares establecidos dentro del dojo según jerarquías no suele practicarse puntualmente en todos los dojos, pues estos protocolos se suelen simplificar con un escueto saludo de respeto de los alumnos hacia el profesor, en línea o fila por orden de grados, al comienzo y final de cada clase. En grandes eventos quizás se observe ese protocolo completo, ocupando los diferentes espacios del dojo según antigüedad, grados, etc.

Dojo tradicional. Karate Kaikan en Tomigusuku, cerca de Naha, Okinawa.

Debido a la relación del guerrero medieval japonés o samurái con la filosofía de vida del budismo zen, muchos dojos antiguos y contemporáneos aún se destinan a la práctica de las diferentes artes marciales del Japón, como *kenjutsu*, *ninjutsu*, *ju-jutsu*, karate-do, judo, aikido, kendo o iaido, más conocidas como budo. Incluyendo no solo la parte física de la práctica, sino además la preparación mental, incluida en la meditación sentada o *zazen*, y el condicionamiento voluntario bajo un código de conducta o Dojo Kun.

Otras disciplinas modernas coreanas copiaron el concepto del lugar y los diferentes rituales y orden de los elementos y de los estudiantes, en sus sitios de práctica después de la Segunda Guerra Mundial (1939-1945) o de la guerra de Corea (1950-1953), como en el caso del taekwondo, el *tangsudo* o *tang soo do* y en el hapkido, donde sus salas de práctica toman el nombre de *dochang*.

En muchos estilos clásicos y tradicionales, al comienzo y al final de cada sesión de entrenamiento, los estudiantes hacen una limpieza ritual del dojo, llamada *sōji*. Además de sus obvias ventajas higiénicas, la limpieza regular enseña disciplina y refuerza el mensaje zen respecto a la responsabilidad de todos de mantener el lugar donde se sigue el camino o dojo en perfectas condiciones, siendo no solo la responsabilidad de los instructores o del maestro.

Dojo del maestro Takadatshu Honda, Itoman, distrito de Naha (Okinawa).

Nuestro Honbu Dojo de calle San Pedro, 65, de Antequera, donde se practica karate tradicional, karate-jutsu. Nuestro estilo es Itosu-ha. Asociación Española Karate-Jutsu. Federación Española Nihon Budo.

Actualmente, los dojos se encuentran algo relegados debido al aumento de la práctica de los deportes de combate modernos, como el boxeo, el *kickboxing* y las mal llamadas artes marciales mixtas, las cuales se enseñan y realizan en salas de entrenamiento ubicadas en la mayoría de gimnasios. Los auténticos dojos, aquellos que todavía siguen en pie, son los que acogen las antiguas y verdaderas artes marciales: karate, *ju-jutsu, ninjutsu, kenjutsu,* kobudo, tegumi.

Katas, el baile que nunca acaba

Desde que practico karate, y de esto hace muchísimos años, he venido conociendo sucesivamente nuevos katas que no sé de dónde han ido saliendo y quiénes son sus creadores, y los cambios que han ido sufriendo en su realización y embusen sin justificación alguna, solo por el ego de algunos maestros contemporáneos que no respetaron a aquellos primeros maestros okinawenses. Por ejemplo, el kata Unshu (mano de nube).

Katas que se le suponen:
Niseishi, Sochin y Unshu.

Aragaki Seishō (新垣 世璋, 1840-1918), al parecer, fue un destacado artista marcial de Okinawa y maestro de Tode que influyó en el desarrollo de varios estilos importantes de karate. Era conocido por muchos otros nombres, incluido Aragaki Tsuji Pechin Seisho. Arakaki nació en 1840 en Kumemura, en Okinawa, o en la cercana isla de Sekoro. Era un funcionario de la corte real de Ryukyu y, como tal, ostentaba el título de *Pechin Chikudon*, que denotaba un estatus muy similar al de los samuráis en Japón.

El 24 de marzo de 1867, demostró artes marciales de Okinawa en Shuri, entonces capital del reino Ryukyu, ante un embajador chino visitante. Este fue un acontecimiento notable, ya que acudieron expertos como Anko Azato, Anko Itosu y Matsumura Sokon, que todavía estaban activos en ese momento. Aragaki se desempeñó como intérprete de idioma chino y viajó a Beijing en septiembre de 1870. Su único instructor de artes marciales registrado de este período fue Wai Xinxian de Fushou, una ciudad en la provincia de Fujian de la dinastía Qing China. Aragaki murió en 1918. **Todos estos datos no están evidenciados.**

Otros aseveran que Aragaki era conocido por enseñar otros katas, como Seisan, Sanchin, Shihohai y los katas de kobudo, como Aragaki-no-kun, Aragaki-no-say y Sesoku-no-kun.

Si bien Arakaki no desarrolló ningún estilo específico, sus técnicas y katas son obvios en varios estilos modernos de karate y kobudo. Entre sus alumnos se encontraban Higaonna Kanryo, fundador, mejor dicho, creador del estilo Naha-te; Chojun Miyagi (宮城 長順), fundador de Goju-ryu (Naha-te); Funakoshi Gichin (?), fundador de Shotokan, y Uechi Canbun, fundador de Uechi-ryu.

Revelo y demuestro

Anko Azato (1827-1906): No se le reconoce ningún kata propio, transmitió algunos katas a su alumno Gichin Funakoshi.

Yasutsune Anko Itosu (1831/32-1915): Al parecer, fue creador del karate tradicional que todos conocemos, por algunos datos más o menos fiables. Fue maestro del senséi Gichin Funakoshi y de otros.

Aragaki Seisho (1840-1918): Al parecer, el padre de los katas Niseishi, Sochin y Unshu.

Kanryo Higaonna (1853-1916): No se le reconoce creador de ningún kata. Su alumno Chojun Miyagi fundó el estilo Goju-ryu (Naha-te). Al parecer, murió joven a causa de una enfermedad.

Gichin Funakoshi (1868-1957): Conocido como el padre del karate moderno. Menudo rollo, este Funakoshi fue el que devaluó el karate, cambiándolo todo. Y también fue fundador del estilo Shotokan. Se inventó un montón de katas y les cambió el nombre a otros katas, y además permitió que se crearan cientos de estilos. No peleó en su vida y se inventó un montón de historias que trasladó a sus dos o tres libros que editó.

Como se ve, los maestros Azato, Itosu y Aragaki pululaban por Okinawa, más o menos, sobre la misma década, y me pregunto: ¿cómo es posible que de todos estos solo Anko Itosu sea reconocido como maestro de maestros, de estilo lineal o Shuri-te?

En un principio, en aquellos campeonatos internacionales del llamado karate deportivo, allá por los años 1970-1980, los competidores presentaban los katas que se llevaban por entonces: Seipai, Seienchin, Kushanku, Gojushiho y otros. Más adelante salieron a la palestra katas como Suparimpei, Unshu...

Más adelante, en 2014 en Bremen (Alemania), después de Chatanyara no Kushanku, aparece muy fuerte el kata Annan, y le siguen Suparimpei y, ya pocas veces, Kururunfa y otros katas «desfasados». Como vemos, sobre el tema de los katas y su procedencia existen pocas evidencias de quiénes y cuáles fueron sus verdaderos creadores y cómo han ido evolucionando y cambiando según los alumnos de esos maestros que los han ido modificando a su antojo y arbitrio.

Centrémonos en el kata Unsu (Unshu)

Este kata pertenece al grupo del maestro Aragaki, llamado también Niigaki, aunque su origen antiguo se desconoce. Su significado es 'mano de nube'. Fue enseñado por el maestro Aragaki al maestro Kenwa Mabuni, por lo que la escuela Shito-ryu practica una forma bastante fidedigna o cercana a la forma original. El maestro Funakoshi, en 1922, hace referencia por primera vez a este kata en su libro *RyuKyu Kempo Karate*. Las diferencias entre la escuela Shotokan y las otras escuelas se deben, principalmente, a las transformaciones realizadas en el seno de la Shotokan a partir de los años 1940. De la forma que practica la escuela Shito-ryu, que mantiene sin demasiadas variaciones el kata original, a la forma que realiza la escuela Shotokan, que modificó el kata original, existen notables diferencias. Unshu es un kata Shorin y procede de la línea Tomari. Según Ryusho Sakagami (1915-1993), al parecer y en un principio, solo se practicaba en el estilo Tomari, pero finalmente terminó practicándose en Shuri y en Naha. Resulta algo curioso que Kanryo Higaonna, que aprendió de Aragaki y de Miyagi, no englobó en su programa de karate para Goju-ryu el kata Unshu. Como veréis, esto se convierte en un maremágnum.

Este kata es uno de los más avanzados en los varios estilos que lo trabajan, y según se dice, para el maestro Kanazawa el nombre de este kata tiene relación con el movimiento de separar las nubes con las manos abiertas, que aparecen dos veces en el kata. Kanazawa llama a estos movimientos *«kaiun no te»*, es decir, manos que abren las nubes. Algunos hablan de que se supone que este kata trata de una tormenta eléctrica. Algunos dicen que las manos extendidas parecen indicar, al comienzo, las nubes que suben en el horizonte del cielo.

Como siempre veremos, los katas están llenos de fantasía tanto en sus técnicas como en sus nombres, en sus leyendas y aplicaciones fantasiosas, y lo peor está en que estos escritores del tres al cuarto, como «mi gran amigo», lo cuelgan en Internet como niños encandilados por esas historias soñadoras. Escriben sobre Unshu: «El cielo azota todo en las cuatro direcciones, las cuatro combinaciones de bloqueo y golpeo hacia los cuatro puntos cardinales. Se supone (siempre se supone) que las patadas realizadas desde el suelo son indicativas de rayos que estallan en el suelo, y su verdadera naturaleza golpea desde el suelo hacia el cielo». O sea, ¿que este hombre combate contra los elementos de la naturaleza, y no contra enemigos reales? Continúo con Unshu: «Hay una calma en la tormenta mientras las manos se separan. Entonces la verdadera ferocidad de la tormenta se apodera de todo, al norte y al sur, mientras dispara técnicas en estas direcciones, cambiando constantemente de un lado a otro».

Y sigue: «Hay un lugar más de calma en la tormenta y finalmente el salto de 360° es el tornado o tifón, representado en un giro completo que sube y baja a la tierra, sube y estalla nuevamente y se detiene para despejarse y volver a la calma y a la claridad que viene después de la tormenta, con aire limpio y un nuevo ciclo para comenzar. El kata termina con un trueno final, y luego todo está en silencio, la naturaleza se calma después de una tormenta». Hombre, qué casualidad, tiene el mismo significado y traducción que el kata Seienchin, 'calma en la tempestad'.

Bueno, lectores, si desarrollamos las etimologías de ese gran cronista de Itosu-kay, «gran amigo mío», comprobaremos que al parecer están escritas para los niños pequeños, pues parecen los cuentos de *Blancanieves y los siete enanitos* o *Caperucita y el lobo,* y no para personas adultas, sensatas y juiciosas. Este señor, en sus etimologías o simbologías, solo cuenta cuentos para no dormir, sin documentar ni probar nada de lo que dice, y todo está basado en cuentos chinos que salen de no sé dónde, o quizás tomados del señor secretario de aquella asociación japonesa.

Si se observa, en todas estas historias referentes a los katas, nunca se habla de enemigos reales y humanos, sino de grullas, tigres, serpientes, rayos, truenos, nubes, tormentas y otros cuentos orientales.Y ahora pasamos a Chinto, una nueva fábula para hacer dormir a los ingenuos.

> *El propósito del kata se interpreta comúnmente como aprendizaje para luchar en terrenos desiguales, pivotar y esquivar para defenderse de un oponente y luego seguir con contraataques rápidos. Nos centramos en el kata Chinto, que incluye el aspecto psicológico del guerrero, predicción y uso de oportunidades. El kata enseña una actitud mental concentrada y relajada mediante la cual el oponente está apropiadamente hipnotizado. El alma y el cuerpo permanecen perfectamente inmóviles y esperan que el oponente ataque. Los movimientos de este kata se asemejan a una grulla posada sobre una roca, lista para atacar. Desde la posición sobre una sola pierna, se acompañan técnicas simultáneas con los brazos que recuerdan la leyenda, que es la base de la creación del Tai Chi Chuan, que relata la lucha de la grulla con la serpiente (el principio de la serpiente consistía en evitar maniobras, y las ventajas de la grulla estaban en el trabajo de pies rápido), de la*

que sale vencedora la grulla gracias a sus rápidas esquivas y sus contundentes picotazos.

Este texto recogido de otro visionario que habla de grullas y serpientes demuestra que la mayoría de lo escrito por estos ingenuos es una letanía de cuentos chinos. Al parecer, Anko Itosu decía de Chinto: «Son muy pocas las personas que enseñan Chinto a sus estudiantes y que entienden el significado de la palabra. Han pasado más de ochenta años desde que me inicié en el karate y aún ahora no puedo entender el significado de la palabra Chinto» (Kinjo Hiroshi, *From Tdodi to Karate,* 2011).

Ninguna de estas técnicas ni posiciones son aplicables a la defensa personal, con lo que se demuestra que el karate deportivo está fuera del verdadero karate.

¿Me podrías explicar cuántas personas serían capaces de realizar este salto ushiro mawashi tobi geri, y que antiguamente se hacía un mikazuki geri en el salto? ¿Me podrías explicar también el bunkai de este salto incluyendo el mikazuki? Esto es de película y no de realidad. Todo aquel que pretenda dar una explicación verosímil a estas técnicas y ejercicios es que se ha fumado algún alucinógeno.

¿Me podrías decir para qué sirven esta posición de hiza fuse y esa técnica de brazos ryo sho hiji ate o ryo sho enpi uchi (ambos codos)? Una gran mayoría de posiciones y técnicas de katas son ilusorias y poco creíbles, imposibles de aplicar en una lucha real, o sea, que de los katas, muy pocas técnicas son utilizables, solo aquellas que son simples y evidentes. La foto sí es muy guay y muy estética.

Ese ataque doble de ippon nukite y esa posición de neko ashi no sirven para nada, lo correcto sería hacia los ojos. Y ese tsuro ashi dachi y esa defensa doble tampoco sirven en lucha real.

«Separando las nubes». ¿Qué peleas, contra las nubes? ¡Pues muy bien! ¿Me explicas el bunkai? ¡Cuidado, que sea real y aplicable, no me cuentes una milonga!

Centrémonos también en el kata Anan o Annan

En este apartado de katas, me voy a centrar en el kata Anan o Annan, porque es uno de los katas más controvertidos del mercado y con este ejemplo podéis haceros una idea del entramado laberíntico, poco creíble y demostrable de parte de la historia del karate y de la procedencia y el autor de cada uno de los katas.

Annan, el enigmático kata y su legado en las artes marciales, muy practicado en el estilo Shito-ryu, al igual que en la competición de kata.

Origen e historia del kata Anan

NOTA: Tengo que puntualizar que kata es una palabra de uso válido que se emplea mayoritariamente como masculino, tal como registra el Diccionario de la lengua española.

Este kata no era conocido hasta que el competidor Julio Martínez (cinco veces campeón estadounidense y gran competidor a nivel mundial en la década de 1980) comenzó a mostrarlo en los circuitos de torneos de Las Vegas. O sea, que este kata apareció por arte de birlibirloque, como otros tantos katas.

Según la historia, cuento o leyenda:

El kata Anan evoca una ciudad china llamada Annan o el nombre de un monje chino que visitó Okinawa de turismo y alberga una historia fascinante en el mundo de las artes marciales. Esta forma de kata tiene sus raíces en el ingenio de Shinkichi Kuniyoshi, quien lo concibió a principios del siglo XX, alrededor del cambio de siglo. Su creación se inspiró en las enseñanzas de Seisho Aragaki y se entrelazó temporalmente con otras «obras maestras» como Sochin y Unshu.

Kuniyoshi compartió este kata con varios de sus discípulos, y pronto encontró su hogar en la rama Naha-te de estilos como Ryuei-ryu y Ryukyu Kempo. La conexión directa del senséi Irei con Kuniyoshi lo llevó a aprender el kata en la década de 1940, en una época en la que la transmisión del conocimiento se realizaba de maestro a estudiante con una pureza que pocos momentos históricos pueden igualar. La anécdota de Irei revela que en aquellos años, Kenko Nakaima, profesor del estilo de karate

Ryuei-ryu, un estilo de karate proveniente de Okinawa, también estaba presente, inmerso en el mismo proceso de aprendizaje. Kenko Nakaima, profundamente influenciado por la grandeza del kata Anan, respondió creando dos katas adicionales. El primero, conocido como Ohan, funcionaba como una introducción a Anan. Ohan, una versión simplificada de Anan, permitió a los estudiantes adaptarse gradualmente a los cambios de cuerpo y técnica que el kata principal presentaba. El segundo, Anan Ni, expandió la narrativa del arte marcial a través de movimientos inspirados en el kata Anan original.

La historia de Anan, que se origina en las enseñanzas de Shinkichi Kuniyoshi y evoluciona a través de los esfuerzos de Kenko Nakaima, ilustra cómo los maestros antiguos dejaron una huella indeleble en el tapiz del karate. A medida que el tiempo avanzaba, estos katas y sus enseñanzas se transformaban en una herencia que trascendía el arte marcial mismo, infundiendo sabiduría y determinación en cada ejecutante.

Hoy en día, el legado de Anan perdura en estilos como Ryuei-ryu y Ryukyu Kempo, transmitiendo una conexión directa con los maestros de antaño y sus visiones únicas del arte marcial. Cada vez que un practicante realiza los movimientos precisos y coreografiados de Anan, rinde homenaje a una época pasada y honra la profunda tradición de las artes marciales que sigue vibrando en el presente.

De risa. Y la historia, el cuento o la leyenda continúa:

> *Este majestuoso kata nos llega del estilo familiar de karate, alguna vez secreto, conocido como Ryuei-ryū. Nakaima Kenri, el fundador de Ryuei-ryū, introdujo este kata cuando regresó a Okinawa desde Fuzhou, donde estudió con el legendario maestro de artes marciales de Fujian, Rū Rū Kou. Curiosamente, Annán es el nombre de un distrito de Fuzhou, en la provincia china de Fujian. El kata contiene una variedad de golpes únicos, numerosas patadas, bloqueos de sumisión ocultos, agarres de nudo superior, derribos, juego de pies evasivos, golpes de rodilla y golpes de kansetshu gedan geri, cantidad de kake ukes seguidos de teishos uchis y termina el kata igual que comienza, con un rarísimo tomoe uke lateral llevando ambas manos al costado (que no sirve para nada), en algo parecido a un te ryo sho tsukami. Anan es uno de los katas más atractivos que Nakaima senséi introdujo al establecer Ryuei-ryū. Este kata recibe el nombre de un distrito de Fuzhou, una provincia china. Otros lo relacionan con el nombre de un monje chino que apareció por Okinawa.*

Según algunos, parece ser que es un kata creado para la competición (seguro) por el senséi Tsuguo Sakumoto. Como se observará, en esto del karate moderno cada uno ha ido inventando katas a diestro y siniestro y presentándolos en competiciones como creador y novedad con el beneplácito de gente y federaciones sin criterios éticos ni tradicionales. ¡¡Vamos, muchachos, a inventar katas nuevos para competir!!

Otra teoría es que, por oídas, ya se conocía algo sobre su existencia, pero muy pocos lo conocían ni lo habían visto jamás (menuda guasa). Otros dicen que Ohan es una versión muy simple de Anan, sin todo el cambio de cuerpo, pero esto preparaba al estudiante para Anan.

El segundo es Anan Ni, que es un trabajo a dos hombres que consiste en técnicas encontradas en el Anan kata. Kenko Nakaima desarrolló dos katas adicionales, Ohan y Anan Ni, preparando a los alumnos para la compleja Anan, algo parecido a lo que, al parecer, realizó Anko Itosu, que al parecer fraccionó el kata Kushanku y del cual desarrolló los cinco Pinan.

Y, como remate, termino con el kata Papuren

Este kata es la viva estampa de la inutilidad del noventa por ciento de las técnicas de katas para la lucha real. Papuren significa 'ocho pasos a la vez', estilo de la grulla blanca, y aquí siguen apareciendo las historias de estas grullas. Al parecer, el kata fue introducido en Okinawa por un tal Wu Xian Hui, al que, al parecer, los okinawenses le llamaban Go Genki. Al parecer, Mabuni aprendió de ese chino los katas Papuren, Nipaipo y Haffa y los modificó a su bola y los añadió a su escuela Shito-ryu.

Posición azugumaru o shagamu (cuclillas), característica del kata Papuren. Esta posición no sirve para nada, como el noventa por ciento de las posiciones de los katas. Solo se pueden aprovechar como entrenamiento físico.

Todo este kata Papuren, desde principio a fin, está lleno de técnicas insulsas, ingenuas e inofensivas. Comienza agachándose en cuclillas con los puños en los costados —que no sé para qué sirve—, continuando con brazos arriba, con puño de derecha cerrado y mano izquierda abierta sobre el puño cerrado. Sigue desplazándose en *hiki ashi* y pasando a *heiko dachi* con los brazos estirados en los costados y manos abiertas con palmas hacia el suelo —que no sé para qué sirve—. Sigue con una serie de *heikos nukite uchi* —que tampoco sé para qué sirve, porque no tiene ninguna efectividad en una lucha real—, y el kata continúa con doble *koken uke* y repetición de los *heikos nukite*, terminando ese encadenamiento con otro *nukite hidari* y un gran y prolongado «¡kiaiii!». Se continúa con reiterados *kake ukes* y un *nakadaka ippon ken* hacia el suelo, sigue con varios *haitos* y *kake ukes* y un *mae geri* con una defensa en *otoshi te uke* de ambas manos. Continúa con una defensa en *te age uke* de izquierda y *teisho uchi* de derecha. A continuación, doble *kakuto* lateral con brazos extendidos y seguidos de «separación de nubes» hacia los laterales y *tshuro ashi dachi* o *sagi ashi dachi* y doble *kake uke* con brazos abiertos en cruz. Se continúa con defensa doble *koken uke*.

Este kata es interesantísimo porque el que lo ideó terminó el kata tal como lo empezó, poniéndose de perfil y agachándose con puños en los costados, y si observamos no hay un solo *zuki,* que, en definitiva, es la técnica más potente y eficaz en karate. Este kata solo trabaja manos abiertas y todas sus técnicas son ineficaces. Un campeón olímpico de karate o campeón del mundo en kumite no duraría treinta segundos ante un luchador avezado en reyertas callejeras o ante un luchador de métodos marciales mixtos o de MMA, y menos aún si pretende candorosamente aplicar alguna de estas técnicas en una situación de defensa crucial en la calle.

Y ya no me centro en ningún kata más, pues esto no se lo cree nadie que esté en su sano juicio. Y no me hablen de respeto hacia todos estos maestros posteriores a Yasutsune Anko Itosu, Anko Azato y Kanryo Higaonna, pues casi todos estos maestros posteriores fueron alumnos de estos tres maestros y no tuvieron ningún respeto hacia ellos, ya que se han dedicado a improvisar katas nuevos, que no tenían nada que ver con lo que les enseñaron, e ir sacándolos como rosquillas, sacados de su baúl de los recuerdos, para ir poniéndose medallas y engrosar su ego y su currículum.

Recuerdo aquellas décadas de los 70 y los 80 cuando mi hijo y yo entrenábamos en el dojo Kuro Obi del admirable y gran amigo Akihiro Mieno, cuando trabajábamos los katas propios de Shito-ryu e Itosu-kai de Akihiro. Y también recuerdo que fui el primer cinto negro que afloró del dojo Kuro Obi y que mi maestro me enseñó los katas Kushanku Dai y Kushanku Sho, los dos únicos katas que él practicaba. También recuerdo que jamás le escuché hablar de que existiera ningún otro Kushanku, ni siquiera Shiho Kushanku, pues este kata lo aprendí más adelante en otro dojo. Lo que quiero decir con esto es que si mi maestro, un japonés, no conocía o al menos no hacía referencia alguna de otros Kushankus, ¿cómo es posible que existan doce o trece katas con el nombre Kushanku y él no los conociese, y que vayan apareciendo periódicamente?

Una reseña de una escuela Shito-ryu colgada en Internet dice: «Recientemente, la karateca Sandra Sánchez, con su nuevo kata Kishimoto no Kushanku, consigue el oro en la Karate Premier League (Dubai, 2020)». Y por lo que se lee en esta reseña, se puede llegar a la conclusión de que, en esto de la competición, se estrenan nuevos katas a gusto de cada estilo y competidor.

No es mi deseo menoscabar ni herir a nadie, y que nadie se sienta ofendido, pero todo esto de la procedencia, fechas y creadores de los katas no hay por dónde cogerlo. Podemos contar decenas de ejemplos que me dan la razón. ¿Por qué Gichin Funakoshi le cambia el nombre al kata Kushanku de su maestro Itosu y lo deja en Kanku? ¿Por qué a los Pinan de su maestro Itosu le cambia los nombres y los denomina Heian? ¿Por qué a los katas Naifanchin de su maestro Itosu les cambia sus nombres y los denomina Tekki? De esta manera, todo lo que le enseñó su maestro lo puso patas arriba. Algunos dirán que al marcharse a Japón, se vio obligado por diferentes circunstancias a realizar muchos cambios en el karate tradicional de Okinawa, pero eso no es óbice para no respetar lo aprendido de Itosu y Azato. Todos estos cambalaches realizados por Funakoshi sí que los considero una total falta de respeto a sus maestros.

¿De dónde y cuándo aparecieron tantos katas? ¿Y quiénes fueron sus autores? Si a Yasutsune Anko Itosu solo se le reconocen los cinco Pinan y, quizás, Kushanku Dai y la trilogía Nainfanchin y pocos más —según cuentan, un total de veintitrés katas—.

Asesorándome en una amena entrevista con el maestro de karate e historiador Kazuhiko Kimura, amigo del gran maestro okinawense Takadatsu Honda, me comentaba las numerosas imprecisiones sobre fechas, datos, maestros, alumnos, estilos, escuelas, etc., relacionados con esta disciplina marcial del karate, debido a no poseer documentación constatada y relacionada de aquellos tiempos de 1700-1800, y de los varios maestros okinawenses que habitaban en aquellas fechas. Y me comentaba que el kata Kushanku se conoce gracias a Anko Itosu, que con «cierta credibilidad y garantía» se puede definir como el creador original de este kata. También me señaló que aquellos guerreros o luchadores de aquella época eran muy fantasiosos y se inventaban cualquier historia para acrecentar su ego y su fama.

Por otro lado, y según otras historias, tenemos el Kishimoto no Kushanku del maestro Kishimoto, el Chibana no Kushanku del maestro Sochin Chibana, el Chatan Yara no Kushanku de Chatan Yara (guerrero chino) y el Kuniyoshi Kushanku del maestro Kuniyoshi (la genealogía de este Kuniyoshi se pierde en el baúl de los recuerdos sin manifiestas historias reales). Al parecer, también andan por ahí un tal kata Oyadomari no Kushanku y otro kata llamado Higa no Kushanku. Una vez que he desenterrado siete, ocho o diez Kushankus, y mostrado este conglomerado de datos nada fiables, pues no son demostrables, sigo exponiendo más testimonios sobre los cuentos, fábulas, leyendas y paparruchas de esta disciplina guerrera que algunos «documentan» en sus etimologías alardeando y exponiendo su gran ego.

Retazos de un artículo de Itosu-kai España

En un artículo de Itosu-kai España colgado en Google, «mi amigo», el «caballero oscuro», hace una exposición muy extensiva sobre el kata Kushanku, del cual tengo el compromiso profesional de puntualizar, enjuiciar e impugnar algunos pasajes. En primer lugar, debo decir que no voy a relatar todo el artículo completo porque sería un total aburrimiento, solo haré alusión a ciertos pasajes que para mí son bastante interesantes y debatibles.

En el artículo, el autor dice:

Es un kata que al aprenderlo han olvidado el nombre original y en su lugar se denomina con el nombre de quien lo enseñó, Kwang-Shang-Fu. Subsecuentemente, lo rebautizaron como Kushanku (...). Otra versión dice que Kushanku es algo parecido a un cargo militar (...). Según otra leyenda, un nativo de Shuri, llamado Peichin Shiohira, se desplazó a China desde Okinawa. Allí aprendió Chuan-Fa (Kung-Fu) de un amigo chino llamado Kwang-Shang-Fu (Kushanku), con el que regresó a Okinawa en 1748, acompañado de otros alumnos. (...) Todo ello figura en el libro titulado Oshima Hikki, publicado en 1772, cuyo autor es Tobe Ryoen de Tosa (Japón), donde se describen las habilidades marciales de Kushanku, gracias a una conversación con Shioshira.

Según otras fuentes, en 1756, un experto luchador chino conocido por el nombre de Kushanku realizó en Okinawa una demostración pública de su arte (...). Es posible que el kata fuese creado o adaptado por el mismo Satsunuke Sakugama, quien lo mostraría en su forma original en Okinawa en el año 1770, siendo conocido como Sakugama no Kushanku. (...) Existe otra teoría que dice que la versión de Yara no Kushanku desciende de un chino llamado Tame (descendiente de Kitani Yara), quien lo aprendió de un chino llamado Wong Cheng. Esta versión fue enseñada por Kosaku Matsumora, quien pudo aprenderlo de Choken Makabe (1769-1825).

Al parecer existen otras antiguas versiones, como el Oyadomari no Kushanku y el Higa no Kushanku. (...) Según una leyenda, el maestro Matsu Higa (1790-1870) practicaba un kata llamado Kuniyoshi no Kushanku (...). Parece ser que el maestro Itosu enseñó este kata privadamente al maestro Kenwa Mabuni.

Y añado un comentario del señor Ayumu Oda, secretario general de la Itosu-ryu Karate-do International Federation (IKIF), cargo que está reconocido a nivel mundial y también galáctico y estratosférico. ¡Menudo cargo!

Kuniyoshi Kushanku es completamente diferente de Chatanyara Kushanku. No se parece a ningún otro kata Kushanku. Itosu-kai es el único grupo que tiene el kata, y el soke Sakagami y senséi Ichikawa son los que conocen el kata.

Reflexiono y argumento

¿Cómo se pueden escribir o colgar a través de Internet, o donde sea, docenas de páginas sobre katas que no se saben de dónde salen, cómo y cuándo aparecen, y que nada es demostrable sobre todas ellas? En realidad, cuando se escriben cosas no demostrables estamos contando cuentos y fantasías y adentrándonos en el mundo de la ficción y el engaño. Es más, vista toda la pléyade de imprecisiones, fantasías, ambigüedades, leyendas y falsos relatos, y que nada de estos datos sobre los katas son demostrables, se puede pensar que el que rubrica estas etimologías sobre todos estos katas también puede inventarse lo que le dé la real gana y añadirlo al zurrón de su ego como historiador o como gran conocedor del mundo de los katas.

Sobre ese último enunciado en cursiva, que habla de los comentarios del señor Ayumu Oda, secretario general de la Itosu-ryu Karate-do, que dice que el único grupo que tiene el kata Kuniyoshi Kushanku es Itosu-kai y que el soke Sakagami y el senséi Hanshi Hiroshi Ichikawa son los que conocen el kata, quiero puntualizar: si dice que Itosu-kai es el único grupo que tiene el kata, ¿por qué hace alusión al senséi Ichikawa, que practica el estilo Shotokan y también practica este kata? Me da la impresión de que este Ayumu Oda, por muy japonés que sea, tiene pocos conocimientos sobre todo este embolado de leyendas y katas de diseño. Quizás, es posible que estos señores, «mi amigo» y Ayumu Oda, tengan en su poder algunos escritos de Sakugama, de Itosu, de Azato, de Igaonna o de Kuniyoshu y no los hayan sacado a la palestra todavía. Y, por otro lado, tengo que decir que el que firma ese «extraordinario» artículo sobre el kata Kushanku, por cierto, insisto, «gran amigo mío», todo lo que escribe es reproducido de informaciones ajenas, y siempre recurriendo interminablemente a frases como estas: «Otra versión no confirmada...», «han olvidado el nombre original...», «otra versión dice...», «según otra leyenda...», «gracias a una conversación...», «según otras fuentes...», «es posible...», «existe otra teoría...», «al parecer...», «según una leyenda...», «parece ser...».

Como se verá, este señor siempre navega entre ambigüedades y nunca asevera nada por verdadero, todo lo que escribe en esos amplios y cansinos mamotretos es ambiguo y falto de realidad. «Amigo caballero oscuro», siento decirte que alguna vez fuiste mi amigo, pero he comprobado que solo eres amigo de ti mismo. Descansa, deja a un lado tu ego y no escribas más cuentos sobre los katas, porque no tienes ni puñetera idea de lo que copias.

Una vez dado un pequeño repaso a ese artículo, podemos percatarnos de que la mayoría de datos y anotaciones que se describen no tienen ninguna credibilidad, pues no son demostrables al no existir documentos originales de los protagonistas. Como se verá, he reiterado tenazmente la poca seriedad de este «caballero oscuro» a la hora de dar algún dato, fecha o crónica, demostrando el poco rigor y el pobre y deficiente conocimiento de todos sus escritos.

A ver si nos enteramos, karatecas del mundo, España tiene cuarenta y cinco millones de habitantes, y si te acercas a una universidad y le preguntas a cualquier universitario si sabe quién era Hernán Cortés, Daoiz y Velarde, Francisco de Pizarro o Felipe V, o por la batalla del Ebro o en qué lugar del mapa de España se encuentra Ciudad Real o Cuenca, o por la Guerra Civil española, etc., la mayoría de estos estudiantes no sabrán responder, porque no saben nada de nada. Y ahora nos desplazamos a Japón, que tiene ciento veintiséis millones de habitantes, tres veces más que España, y le preguntas a cualquier universitario japonés sobre la historia de Japón: ¡no sabe ni papa! Pero si además le preguntas por algo en concreto, como la historia del karate, ¡sabrá aún menos!

El karate es una gota de agua en la historia de Okinawa y media gota de agua en la historia de Japón. Tanto es así que no existen datos ni escritos válidos sobre el comienzo y los primeros pasos de esta disciplina marcial. Por lo cual, con todos mis respetos, ¿cómo se permite este «amigo mío» escribir y colgar decenas de legajos y mamotretos sobre los katas que no tienen ninguna fiabilidad? ¿Y cómo se permite este señor Ayumu Oda, secretario de no sé qué (por muy japonés que sea), hacer comentarios que se han dicho de boca en boca? Eso de comentarios y de historias que van pasando de boca en boca no sirve para nada y no es válido para nadie, pues si no está escrito con la firma de aquellos maestros, es papel mojado. Concluyendo, estos señores saben igual o menos que yo sobre la procedencia de los katas y sus historias.

Maestros del karate: Itosu e Higaonna

La influencia en Kenwa Mabuni de sus dos maestros fue uno de los grandes fundamentos de la creación del Shito-ryu. Las dos figuras son nombres que deben sonar conocidos a todos los amantes del karate: Itosu (foto dcha.) e Higaonna (izq.).

Yasutsune Itosu o Anko Itosu (1832-1915) es el creador del Shuri-te, estilo de defensas rápidas y rectas de ataques del contrincante. Llevado a la aldea de Shuri, Itosu comenzó su estudio del To Te (karate) y se convirtió en un karateca de gran renombre. Parte del entrenamiento de Itosu era su práctica con el *makiwara*, tabla clavada al suelo con cuerda enrollada en el área de impacto. Lo recuerdan con amplios hombros, brazos musculosos y callosos y enormes puños.

Se considera que Itosu fue quien desarrolló el karate-do moderno. Crea los katas Pinan, que ahora son los katas base de la mayoría de los estilos modernos del karate que provienen de Shuri-te. Kenwa Mabuni estudia con Itosu el estilo Shuri-te aproximadamente en el año 1905. Itosu se convirtió en Saikoo Shihan, de 9.º dan, el más alto en el estilo de combate Shuri-te.

Kanryo Higaonna (1853-1916), nacido en Naha, Okinawa, fue el segundo maestro de Kenwa Mabuni. También tuvo como discípulo personal a Chōjun Miyagi, fundador posterior del estilo Goju-ryu. Es el creador del Naha-te. Marcha joven a China, donde aprende con varios maestros locales sus artes marciales (Ru Ru Ko), lo cual influye después en su estilo. Regresa a Japón y se pone al mando de los negocios familiares, pero comienza a enseñar el Naha-te, distinguido por integrar un estilo «duro-suave» y de formas circulares y con mayor velocidad que el Shuri-te o Tomari-te.

Quiero terminar este apartado sobre los katas incluyendo algunos dibujos sobre el árbol genealógico de karate.

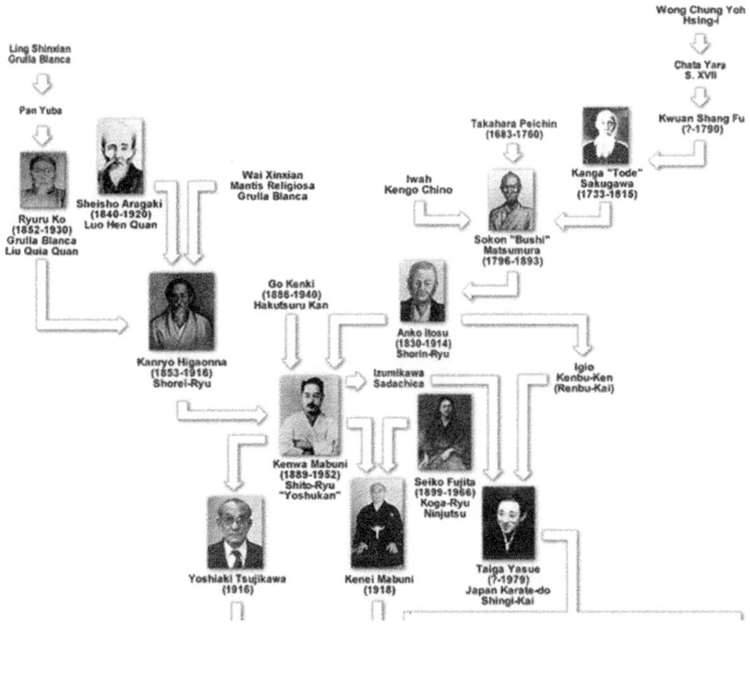
Wong Chung Yoh
Hsing-i
Chata Yara
S. XVII
Kwuan Shang Fu
(?-1790)
Ling Shinxian
Grulla Blanca
Pan Yuba
Takahara Peichin
(1683-1760)
Kanga "Tode"
Sakugawa
(1733-1815)
Iwah
Kengo Chino
Sokon "Bushi"
Matsumura
(1796-1893)
Ryuru Ko
(1852-1930)
Grulla Blanca
Liu Quia Quan
Sheisho Aragaki
(1840-1920)
Luo Hen Quan
Wai Xinxian
Mantis Religiosa
Grulla Blanca
Go Kenki
(1886-1940)
Hakutsuru Kan
Anko Itosu
(1830-1914)
Shorin-Ryu
Kanryo Higaonna
(1853-1916)
Shorei-Ryu
Izumikawa
Sadachica
Igio
Kenbu-Ken
(Renbu-Kai)
Kenwa Mabuni
(1889-1952)
Shito-Ryu
"Yoshukan"
Seiko Fujita
(1899-1966)
Koga-Ryu
Ninjutsu
Yoshiaki Tsujikawa
(1916)
Kenei Mabuni
(1918)
Taiga Yasue
(?-1979)
Japan Karate-do
Shingi-Kai

Existen decenas de árboles, ramas y arbustos genealógicos de karate, a gusto del consumidor y de todo aquel que quiera dejar su firma para la posteridad. En la actualidad, tendrás que hacer un par de másteres para descifrar alguno de ellos.

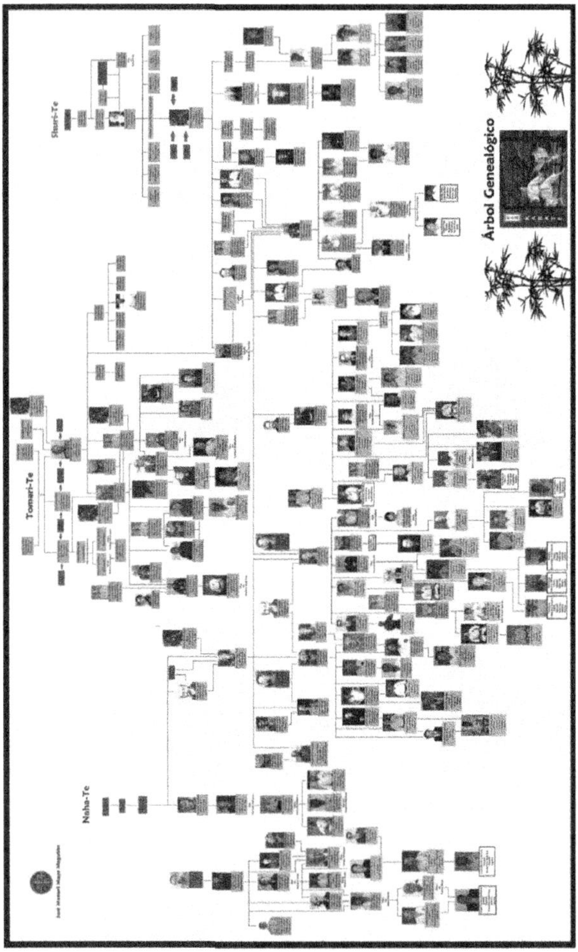

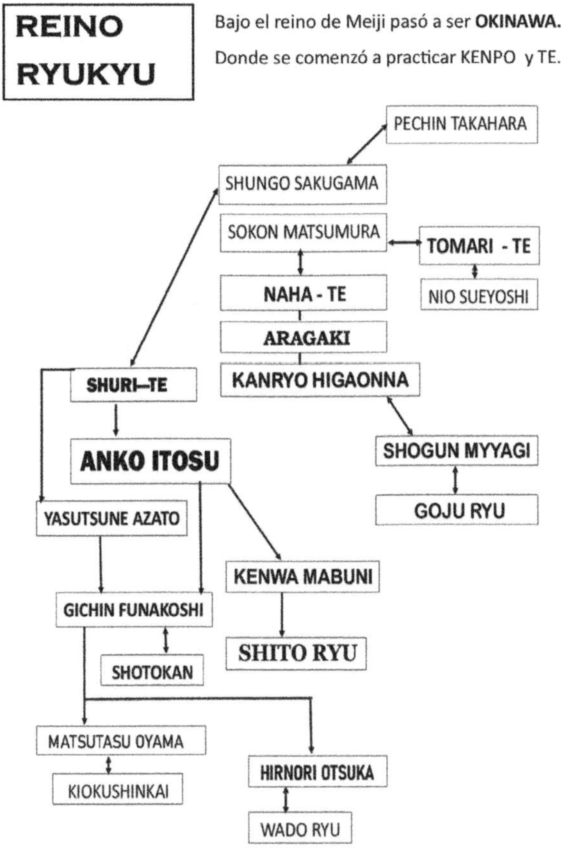

Este árbol genealógico escueto está diseñado por el autor, simple y entendible.

Hasta llegar a Gichin Funakoshi nada es demostrable, y hasta nuestros días, hay algunas verdades y muchas falsedades. Esto es lo que hay, y pare usted de contar.

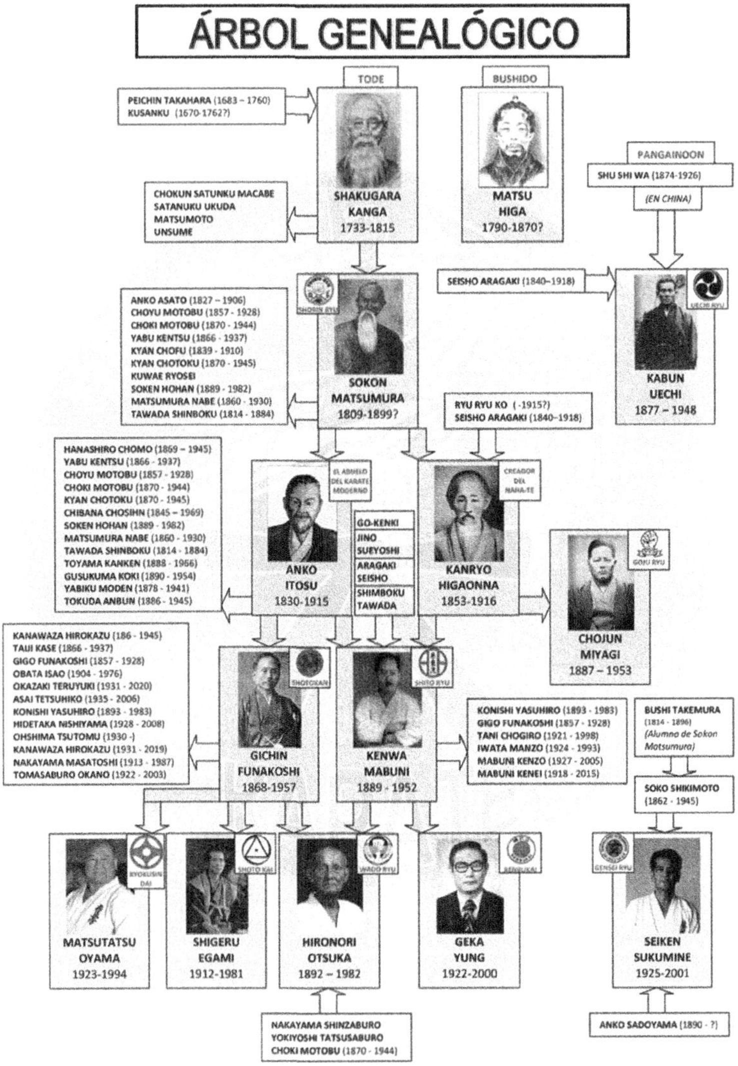
ÁRBOL GENEALÓGICO
TODE
BUSHIDO
PEICHIN TAKAHARA (1683 – 1760)
KUSANKU (1670-1762?)
SHAKUGARA
KANGA
1733-1815
MATSU
HIGA
1790-1870?
PANGAINOON
SHU SHI WA (1874-1926)
(EN CHINA)
CHOKUN SATUNKU MACABE
SATANUKU UKUDA
MATSUMOTO
UNSUME
SEISHO ARAGAKI (1840–1918)
ANKO ASATO (1827 – 1906)
CHOYU MOTOBU (1857 - 1928)
CHOKI MOTOBU (1870 - 1944)
YABU KENTSU (1866 - 1937)
KYAN CHOFU (1839 - 1910)
KYAN CHOTOKU (1870 - 1945)
KUWAE RYOSEI
SOKEN HOHAN (1889 - 1982)
MATSUMURA NABE (1860 - 1930)
TAWADA SHINBOKU (1814 - 1884)
SHORIN RYU
SOKON
MATSUMURA
1809-1899?
UECHI RYU
KABUN
UECHI
1877 – 1948
RYU RYU KO (-1915?)
SEISHO ARAGAKI (1840–1918)
HANASHIRO CHOMO (1869 – 1945)
YABU KENTSU (1866 - 1937)
CHOYU MOTOBU (1857 - 1928)
CHOKI MOTOBU (1870 - 1944)
KYAN CHOTOKU (1870 - 1945)
CHIBANA CHOSIHN (1845 – 1969)
SOKEN HOHAN (1889 - 1982)
MATSUMURA NABE (1860 - 1930)
TAWADA SHINBOKU (1814 - 1884)
TOYAMA KANKEN (1888 - 1966)
GUSUKUMA KOKI (1890 - 1954)
YABIKU MODEN (1878 - 1941)
TOKUDA ANBUN (1886 - 1945)
EL ABUELO DEL KARATE MODERNO
ANKO
ITOSU
1830-1915
GO-KENKI
JINO SUEYOSHI
ARAGAKI SEISHO
SHIMBOKU TAWADA
CREADOR DEL NAHA-TE
KANRYO
HIGAONNA
1853-1916
GOJU RYU
CHOJUN
MIYAGI
1887 – 1953
KANAWAZA HIROKAZU (186 - 1945)
TAIJI KASE (1866 - 1937)
GIGO FUNAKOSHI (1857 - 1928)
OBATA ISAO (1904 - 1976)
OKAZAKI TERUYUKI (1931 - 2020)
ASAI TETSUHIKO (1935 - 2006)
KONISHI YASUHIRO (1893 - 1983)
HIDETAKA NISHIYAMA (1928 - 2008)
OHSHIMA TSUTOMU (1930 -)
KANAWAZA HIROKAZU (1931 - 2019)
NAKAYAMA MASATOSHI (1913 - 1987)
TOMASABURO OKANO (1922 - 2003)
SHOTOKAN
GICHIN
FUNAKOSHI
1868-1957
SHITO RYU
KENWA
MABUNI
1889 - 1952
KONISHI YASUHIRO (1893 - 1983)
GIGO FUNAKOSHI (1857 - 1928)
TANI CHOGIRO (1921 - 1998)
IWATA MANZO (1924 - 1993)
MABUNI KENZO (1927 - 2005)
MABUNI KENEI (1918 - 2015)
BUSHI TAKEMURA
(1814 - 1896)
(Alumna de Sokon Matsumura)
SOKO SHIKIMOTO
(1862 - 1945)
KYOKUSIN DAI
MATSUTATSU
OYAMA
1923-1994
SHOTO KAI
SHIGERU
EGAMI
1912-1981
WADO RYU
HIRONORI
OTSUKA
1892 – 1982
GEKA
YUNG
1922-2000
GENSEI RYU
SEIKEN
SUKUMINE
1925-2001
NAKAYAMA SHINZABURO
YOKIYOSHI TATSUSABURO
CHOKI MOTOBU (1870 - 1944)
ANKO SADOYAMA (1890 - ?)

Kumite deportivo. *Jyu kumite*. *Jyu kumite* realista

En el karate actual, el llamado kumite es una forma de combatir en la que los luchadores aportan una serie de ataques y defensas contra un adversario real, y todo en el entorno de un dojo, ya sea en interior o al aire libre, y alguien lo fraccionó en tres formas.

Kumite de competición (shiai), muchas reglas, muchos jueces, poco contacto, pocas técnicas, muchas técnicas prohibidas y mucha parafernalia.

KUMITE DEPORTIVO: Kumite de competición *(shiai kumite)*. Un combate (kumite) con muchas reglas, con árbitros, con jueces, con mayoría de técnicas poco efectivas, con demasiadas técnicas prohibidas, con protecciones, con coach, con puntuaciones, por las cuales al final del encuentro se establece un ganador. En definitiva, un combate demasiado ficticio y falso.

JYU KUMITE: Combate libre, en el cual los contendientes aplican toda clase de técnicas de ataque y defensa sin haberse establecido nada de nada, solo el control en la potencia de los golpes y no emplear algunas técnicas peligrosas *(kyusho)*. Aquí de deportivo no debe haber nada, pues este kumite o combate, como quieras llamarlo, debe acercarse lo más posible a la realidad de una pelea auténtica. Esta variedad de kumite, en realidad, habría que llamarla «lucha o kumite efectivo». Aquí las protecciones son importantes, aunque los alumnos karatecas luchadores, o su profesor, pueden decidir qué grado de seguridad requieren en ese *jyu kumite.*

JYU KUMITE REALISTA: Combate en el que los contendientes se emplean a fondo, llegando al semicontacto y controlando las técnicas peligrosas *(kyusho)*, pero golpeando con cierta energía las zonas más fuertes y sólidas de la anatomía.

Adentrándonos en el llamado kumite de karate deportivo, tendríamos que entrar en un debate muy interesante y dejar muy claro que el kumite del karate deportivo no sirve para la lucha real, pues toda lucha que esté condicionada a reglas está coartada, y es obvio que no se puede llevar a lo real en un tatami ni aplicar técnicas peligrosas *(kyusho)* que pondrían en peligro la integridad física de los alumnos. Lo real está en la calle, donde si tu integridad física peligra ante una agresión temeraria tendrías que poner en acción técnicas de ataque y defensa contundentes y peligrosas que no se entrenan en el karate deportivo.

Aquellos maestros o luchadores chinos u okinawenses, ¿tenían el karate o el *wushu* como deporte o como una herramienta para defenderse? Tengo que puntualizar que hoy día una pequeña minoría de estilos, dojos, profesores y maestros de Okinawa se han pasado a la otra alternativa y han optado por la competición. Sin embargo, siguen afirmando y defendiendo incongruentemente que el karate de competición no es un deporte. Otros siguen afirmando metafísicamente que el karate tradicional es una forma de vida, con lo cual llegamos a introducirnos en el camino del Do, y en este sembrado no quiero adentrarme, pues la sílaba Do la considero aplicable a cualquier etapa y aspecto de la vida del ser humano. Un karateca puede seguir la senda del Do, igual que una persona que no practique karate también pueda seguir ese Do, aunque en ese caso se llame ética, integridad o moralidad.

Trabajo de técnicas de kihon

El trabajo de kihon hay que tratarlo como una forma de entrenar en la que todas las técnicas de defensa y ataque están prefabricadas y establecidas. Se puede trabajar en grupos, con un compañero o en solitario, y su objetivo recae en el aspecto técnico y en la forma física.

Trabajo de técnicas para los pequeños. Trabajan el shiko dachi y el shuto gedan.

Disciplina, zanchin, serenidad, atención, aplicación... En definitiva, seriedad.

Amistad, alegría y respeto hacia los maestros de otras disciplinas. Maestro Carrillo.

Trabajo de técnicas de kihon en kobudo. Senséi Germán Flores. Dojo Gimnasio Torcal de Antequera, de calle San Pedro, 65. Nuestro amigo senséi Germán Flores.

Técnicas de kihon. Avances y retrocesos con técnicas básicas. Técnicas comprensibles y fáciles de asimilar para los pequeños, siempre a partir de los seis años, pues los niños más pequeños de esa edad no alcanzan a comprender la aplicación de esas técnicas trasladadas al combate.

Día de clase especial de técnicas de kihon de varias disciplinas castrenses. Tenemos la capacidad y el gran lujo de entrenar asiduamente con reconocidos maestros de otras asignaturas.

Supuestos profesores, maestros y otros. Técnicas ficticias e ilusorias. Acciones y conductas impropias y vulgares

En este capítulo me dispongo a denunciar a todos aquellos profesores, senséis y cronistas en periodo de aprendizaje que se proclaman como expertos y diestros en esto de las disciplinas marciales, los cuales se dedican a emitir datos, informes, crónicas, vídeos, fotos y articulillos en Internet, la mayoría de ellos plagiados, inexactos, falsos y sin ningún rigor. Por ejemplo, hay señores que se dedican a inventar cosas y técnicas que ya existen, y que cuelgan en Internet como algo suyo, o sea, inventado por ellos. ¡Ahí queda eso! Ejemplo: alguien cuelga en Internet esta técnica de suelo como un invento creado por él, cuando esta llave *ude ishigi juji gatame* de inmovilización o luxación en suelo lleva siglos aplicándose, y este señor con todo su descaro la cuelga en Internet como algo suyo.

En esta foto de hace muchos años, David y Sandra, alumnos de nuestro Honbu Dojo Gimnasio Torcal de calle San Pedro, 65, de Antequera, realizan esta técnica de suelo. Y ahora aparece un señor colgando en Internet esta misma técnica y adoptándola como suya. Pues como estos, cientos de piratas de las artes marciales engañan a los tontos.

Antiguamente, cuando yo asistía al colegio, llamaba a mi profesor «maestro»; hoy día se le llama «profe» o «seño». ¡Cómo han cambiado las cosas! Un profesor de karate debe ser un educador y transmitir a sus alumnos todo el bagaje y la experiencia pedagógica que posea, y no será necesario que explique lo gran competidor que fue y cuántas medallas consiguió. Tenemos profesores parlanchines y demostradores, que teniendo «facultades» (*yoko geri yodan* por aquí y *ushiro mawashi geri yodan* por allá), muestran y explican complicadas técnicas para demostrar que es el más técnico, el que más facultades tiene y el que más sabe, y así colocarse medalla tras medalla y solo trabajar para él mismo, en vez de simplificar la enseñanza para que el alumno comprenda sin dificultad lo que se le transmite.

Un buen profesor o senséi debe ser aquel que aglutina a sus alumnos en torno a él, que los prepara física y técnicamente sin estridencias, enseñándoles técnicas verosímiles y viables, lo más simples y sencillas posibles, pues el karate debe ser elemental y escueto, ya que nació para la defensa personal. Y además de este objetivo, un buen profesor debe transmitir buenos modales, disciplina, carácter, amistad, respeto y todos los conceptos éticos que debe caracterizar a un buen karateca. De estos senséis y profesores, al parecer, quedan pocos.

Voy a continuar denunciando a estos otros karatecas metidos a profesores, que a través de Internet se les contempla haciendo demostraciones de técnicas, casi siempre básicas, y siempre dirigidas hacia gente sin ninguna formación en esta disciplina marcial y que nunca han hecho karate o disciplinas marciales. Queda claro que ¿cómo le vas a enseñar un *gedan barai*, un *zuki* o un *neko ashi dachi* o una llave de *ju-jutsu* a una persona a la que se la enseñaron en sus comienzos? Porque es lo más básico y lo primero que se aprende en un dojo. ¿Cómo pretende esta panda de ineptos y falsos gurús del karate que la gente aprenda defensa personal a través de Internet y dibujitos explicativos de tal o cual técnica? ¿Cómo pretendes explicar a través de Internet fechas, procedencia, particularidades, datos y referencias sobre decenas de katas si no tienes ni puñetera idea de lo que escribes, pues no existen certidumbres ni evidencias de todas las paparruchas que garabateas? Pues sí, todavía hay mucha gente indecorosa que se dedica a estos menesteres, como «este amigo» de Itosu-ryu, que sigue y sigue, como las pilas de Duracel, copiándose y enrollándose con el tema de los katas.

Maestro Bushi Ryu Kan Manuel Carrillo (ninjutsu).

Una cosa es colgar fotos de profesores, senséis o maestros haciendo demostraciones de tal o cual técnica y que hagan comentarios sobre ellas, por ejemplo: «Ayer estuvimos en el campo y entrenamos algunas técnicas de espada o catana» o «esta semana nos toca trabajar técnicas de kihon». Y otra cosa muy distinta es que algunos pretendan explicar y enseñar a través de Internet cómo se hacen esas técnicas, para que el que mire el móvil o el ordenador vaya aprendiendo lo que explican los «entendidos» a través de estos chirimbolos informáticos.

Y me reitero, otra cosa sería salir tú en un vídeo o foto explicando al personal cómo hay que hacer un *age uke* o un *ushiro mawashi geri,* o colgar fotos y dibujos explicativos para que la gente aprenda a través de esas fotos y dibujos. Qué pasa, ¿que esto lo van a aprender a través de Internet? Eres un iluso y un pirata. Al final, ¿qué pretendes?, ¿que aprendan a través de Internet y que luchen contra el ordenador o el móvil? ¿Sabes lo que es un dojo?

Amigo, ¿qué intentas, que la gente aprenda karate mediante estas fotos? Eres un cínico, pues el karate no se puede aprender a través de dibujos y fotos. Estos señores no son verdaderos karatecas si pretenden que la gente aprenda de sus numeritos en Internet.

Fotos y dibujos que se cuelgan y no sirven para nada, pues, como ya digo, y es irrebatible, no se puede aprender a bailar *ballet* clásico a través de Internet, no se puede aprender a escalar a través de Internet, no se puede aprender a nadar a través de Internet y, claro, tampoco se puede aprender karate a través de Internet.

Otros ponen muñequitos como estos, con técnicas complicadas para que la gente aprenda a pelear copiando de estos dibujos y, una vez que lo repitan varias veces, se convierta en expertos luchadores a la espera de que estos profesores de pacotilla cuelguen nuevos dibujitos y fotitos para que el personal siga aprendiendo karate. Esto del karate se ha convertido en un circo, porque unos desaprensivos se dedican a colgar chorradas y técnicas creyendo que la gente puede aprender karate de esta manera, y al mismo tiempo quedar como magníficos senséis y profesores internautas.

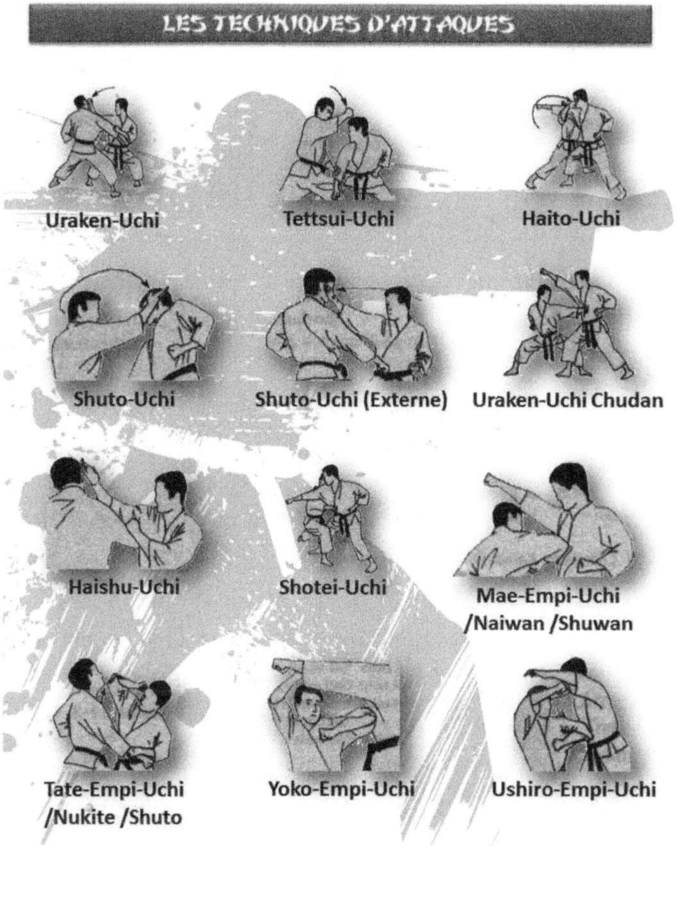
LES TECHNIQUES D'ATTAQUES
Uraken-Uchi
Tettsui-Uchi
Haito-Uchi
Shuto-Uchi
Shuto-Uchi (Externe)
Uraken-Uchi Chudan
Haishu-Uchi
Shotei-Uchi
Mae-Empi-Uchi /Naiwan /Shuwan
Tate-Empi-Uchi /Nukite /Shuto
Yoko-Empi-Uchi
Ushiro-Empi-Uchi

Eres un ingenuo si crees que puedes aprender disciplinas marciales a través del móvil o del ordenador copiando lo que te explica otro imbécil a través de Internet. ¿Sabes qué es un dojo, sea al aire libre o en recinto cerrado, y con un senséi honrado y con currículum?

Y, por otro lado, una cosa sería colgar un vídeo o foto de algo que se trabajó en el curso o seminario del sábado o el domingo, y otra cosa sería colgar en los medios fotos y bosquejos de las diferentes posiciones o partes de la mano con sus nombres, para que la peña vaya aprendiendo, cuando eso lo sabe cualquier karateca que se precie.Y una cosa es que alguien cuelgue un artículo lógico, razonado y comprobado sobre alguna faceta del karate y otra cosa es que se cuelguen cantidad de mamotretos de historias de katas, calificativos infantiles sobre sus significados y chorradas históricas no comprobadas, para darse bombo y quedar como un erudito del karate, como suele hacer «mi gran amigo», el «caballero oscuro», que colgó en Internet su gran examen para sexto dan. ¡Pocos karatecas han hecho eso! Ahí queda para la historia como testimonio del gran ego de este magnífico y brillante personaje.

Alguien pensará: «¿Qué le pasa a este Luis Martín, que siempre le está dando caña a ese "caballero oscuro", que al parecer fue amigo suyo, sexto dan de esa ilustrísima Federación?». Pues no me pasa nada, solo que no admito que nadie, por muy amigo mío que haya sido, mienta y traicione como un grosero. Nada más, solo eso.

En este capítulo, también denuncio las decenas de técnicas engañosas, ilusorias e irrealizables que se trabajan en la mayoría de los katas y en algunos seminarios impartidos por gente, quizás, muy reconocida, pero poco formal y respetuosa, según mi criterio, conocimiento y experiencia. Lo que asevero es una realidad indiscutible y palpable.

Ninguna de estas técnicas, incluidas en algunos katas, son aplicables en un combate real.

La primera, *hidari haito gedan* en *shiko dachi*. La segunda, *migi haito chudan uke*, que seguramente irá seguida de *tekubi kake uke*. La tercera, *migi harai uke gedan* e *hidari haiwan uke* en *tsuru ashi dachi*. La cuarta, *migi koken* o *kakuto chudan uke*, en *neko ashi dachi*. La quinta, *ryo sho te yama uke*. Y la sexta, *kakiwake haito chudan uke* en *shiko dachi*. ¡Pues, amigos karatecas, ninguna de estas y muchas otras técnicas contenidas en los katas son viables en un combate real! Todo esto es ilusorio, quizás muy estético y bonito, pero nada práctico. Nuestro amigo Gichin Funakoshi se cubrió de gloria cuando inventó el karate moderno.

Y también reprocho acciones y conductas impropias de lo que debe ser un buen karateca que sigue el llamado camino, Do.

¿Sabíais que venden cintos negros, tratados y manipulados, raspados y deteriorados, para que parezcan que han participado en mil batallas y que el falso profesor que lo ha adquirido simule que lleva años en la práctica del karate? Pues hasta ahí hemos llegado.

Mi maestro Akihiro Mieno me enseñó que bajo el karategui no debíamos ponernos ninguna ropa. Pues, miren por dónde, a este señor le asoman unas mangas de jersey por debajo del karategui y, para más mofa, es un senséi japonés. ¡Menudo elemento! Por eso algunas veces he denunciado que por el hecho de ser un senséi o maestro japonés no hay por qué darle mayor credibilidad ni darle el cartel que no le corresponda.

Como veréis, este al que sus alumnos llaman senséi está ejecutando el mokuso, que significa 'mirar en silencio hacia el corazón', 'meditación del guerrero' o 'reflexión tranquila', uno de los momentos más respetuosos del karate. Pues si observáis, este señor, al parecer, hace sus clases de karate con el reloj puesto. Este de profesor tiene poco y el Do se lo pasa por el forro.

Este es otro al que le gustan mucho los relojes, será para ver a qué hora termina la clase, y el otro es de los que han comprado el cinto raído y gastado para que la gente crea que lleva siglos con el cinto negro y que es un gran senséi. ¡Menuda gentuza!

Y este otro le está mostrando al compañero la hora que es y que ya falta poco para que termine la clase. Al parecer, el reloj es una nueva arma y hay que entrenar con él. Pero ¿de dónde sale esta gente? ¿Con quién han aprendido? ¿Quién les ha enseñado? ¿Qué escuelas son estas?

Foto poco edificante e impropia de una federación. Le han colocado un cinto negro a esta señora con su nombre, y esta señora no tiene ni puñetera idea de karate. Foto que indica poca deontología de esta federación con ciertos políticos. Esto no es muy correcto.

Aunque parezca mentira, este señor dice que es profesor de karate y da clases de esta guisa. Aquí está realizando un neko ashi dachi y un agarre (tsukami uke). Un poco de más respeto, un poco de más seriedad, un poco de más dignidad, un poco de más solemnidad. Ya no sigo porque siento vergüenza ajena. He visto karateguis de todos los colores, hasta karateguis con los colores del arco iris pasando por todas las gamas de colores, otros llenos de pegatinas por todos lados… En fin, ¡de pena! Todo esto lo trajo el karate moderno y de competición.

Este señor «profesor» ni es profesor ni es nada, necesita su reloj para entrenar karate, con el peligro que conlleva, pues puede hacerle daño al compañero. ¡Y no solo eso! Me voy a dejar de diplomacias y respetos, ¡¡este tipo es un gran fraude!! ¡¡Pobres de sus alumnos!!Y también tenemos maestrillos, como este del reloj, que se olvidan de las reglas más básicas del llamado Do y que no sé quién sería su maestro, pero seguro que no llevaba reloj. Pero este ha cambiado las reglas éticas y ya mismo entrenará en pijama.

Y en esta foto, ¿qué pasa? Dos señores en el mismo tatami con diferentes indumentarias, y a uno de ellos se le caen los calzones. ¡Una pena! ¿Quiénes organizan estos revoltijos? Todo esto es una vergüenza y a las disciplinas marciales las han convertido en un circo alejado de todos los principios éticos y de los objetivos fundamentales de lo que debe ser un arte marcial.

Gráfico recogido de Google en el que se representa una penosa realidad.

Desgraciadamente, el karate deportivo conduce a esa mesa de la izquierda, donde sin exigir a los alumnos karatecas ningún sacrificio ni constancia, frecuentemente, maestros, profesores y federaciones, sin ningún escrúpulo, regalan cintos a cambio de licencias y pasta, con lo que las disciplinas marciales tradicionales y, en este caso, el karate han ido evolucionando y transformándose en un karate blandengue y sin carácter de verdadera lucha. Afortunadamente, aún perduran algunos rancios tradicionalistas que procuramos conservar la esencia del karate tradicional que nuestros maestros nos transmitieron.

No quiero seguir denunciando más irregularidades sobre esta disciplina del karate, marcial seria y rígida, pues después de escribir denunciando tantas extravagancias, anomalías y desvaríos, mi espíritu se siente acongojado y triste de ver y leer a gente impresentable que está corrompiendo el verdadero karate.

Memorias y relatos de los maestros senséis que integran las tradicionales disciplinas marciales de la Federación Española Nihon Budo

Como he comentado al principio, este será mi cuarto y último libro sobre la disciplina marcial del karate y otras, y es mi deseo terminar estas últimas páginas dedicándolas al grupo de maestros que integran la Federación Española Nihon Budo, la cual considero la mejor y única federación de verdaderas artes marciales que aglutina las cuatro disciplinas guerreras más representativas de la auténtica defensa personal. Maestros consagrados y con expedientes, años y experiencias que ninguna federación, asociación, agrupación o entidad posee. Dicho esto, paso a relatar parte de la vida y las andanzas de estos maestros, senséis, profesores o lo que sean, como queramos llamarlos.

Y digo «o lo que sean» porque como soy profuso y muy fustigador, observo que en las disciplinas marciales existen demasiadas y exageradas escalas Shogo, dentro de las «jefaturas» de estas disciplinas para distinguir y graduar a los educadores que se consideran destacados en las diferentes disciplinas. No voy a enumerar los diferentes peldaños de categorías, porque como todo lo concerniente a las doctrinas marciales, nos llevaría a un pantanal en el que naufragaríamos y nos perderíamos en lo infinito y en lo impenetrable.

- MEIJIN: 'Genio iluminado, sabio'. Su esencia es la espiritualidad.
- SENSÉI: 'El que ha nacido antes', por lo tanto, el que más experiencia tiene. ¡Pues no veas! Yo tengo ochenta y un años.
- MAESTRO: Se refiere al que ha alcanzado un gran nivel de maestría en esa disciplina, que sería gran senséi.
- SHIDOSHI: Simplemente, se adecua al instructor que recibe órdenes del senséi.
- SHIHAN: Se define como gran maestro o modelo.
- SOKE: Descendiente directo o generacional del creador de un estilo. Esto es un rollo, pues si eres hijo de un antiguo y reconocido maestro, no importa que seas un zoquete, te reconocerán como el siguiente soke de ese estilo. Esto sigue la misma dinámica de las dinastías de la realeza: si eres hijo del rey, aunque seas tonto, serás rey.

Y después existen decenas de nombramientos, títulos y nominaciones según qué clase de disciplina se practique, con lo cual esto acaba en un laberinto de nombres creados por señores pocos serios o demasiado ególatras, y no hay otra. La única realidad es que existen senséis (profesores, maestros, pedagogos, instructores, expertos, etc.) que pueden ser excelentes, discretos y pésimos.

Una vez dicho esto, que es otra crítica, me centro en los maestros que constituyen las diferentes disciplinas de nuestra Federación Española Nihon Budo, que estos sí son verdaderos, veteranos, expertos, honrados, formales y muy respetables. Y aquel que quiera escarbar en su trayectoria la puede encontrar fácilmente.

Ninjutsu

Comentarios y análisis del senséi don Manuel Carrillo Rodríguez

Tengo sesenta y tres años y mi interés por las artes marciales comenzó durante los años 1973 y 1974, cuando el auge de aquellas películas chinas y americanas me llamaba mucho la atención, y el boxeo, la lucha libre, el judo y, en definitiva, todo lo relativo a la defensa personal.

Comencé a entrenar con un grupo de amigos que estaban practicando taekwondo en la escuela de Toyama y más adelante también con otros compañeros que entrenaban karate Shotokan, que entonces se entrenaba en el Polideportivo de Carranque. Mis padres no querían que practicara karate ni nada que tuviese que ver con la lucha y el combate, a causa de mis continuas peleas en las calles. Yo era el más pequeño de los tres hermanos y siempre daba problemas con mis peleas entre los chicos del barrio más conflictivos.

Cumplía quince años cuando mi hermano, viendo el interés que yo tenía por las disciplinas marciales, me llevó a escondidas a visitar a un maestro de judo que era amigo suyo, al cual conocía porque estaba en el mismo equipo de fútbol. Se llamaba senséi don José Sosa Racero, daba clases a un grupo de amigos y compañeros del mismo equipo de fútbol sin ánimo de lucro. Fue la primera vez que presencié una clase de judo y quedé impresionado. Desde entonces comencé a entrenar duro y en serio. Tenía quince años y por fin conseguí un maestro que me enseñara de verdad la disciplina del Budo.

También seguí entrenando algo de karate con unos amigos en 1980, y estuve fuera de Málaga a causa del servicio militar en el cuerpo militar de la Legión, donde comencé a entrenar, con el grupo de la policía militar, disciplina de defensa personal y karate con varios compañeros de mi compañía militar.

En 1983 volví a Málaga y comencé a entrenar *ju-jutsu* con senséi Sosa hasta 1985, que me inicié en el *ninjutsu,* donde he permanecido durante treinta y tres años entrenando con senséi don José López Torreblanca, 5.º dan de Bujikan Ninjutsu Málaga. Durante ese tiempo nunca dejé de tener contacto con mi maestro senséi Sosa.

En 1995 obtuve el 4.º dan de *ninjutsu* con el título de Shidoshi-ho de mi maestro de *ninjutsu* don José López Torreblanca, con quien me unió una gran amistad, más allá de maestro y alumno. En aquellos tiempos recorrimos casi toda España para asistir a los *taikai* y cursos de *ninjutsu,* y debo agradecerle sus enseñanzas y su amistad desde 1997 hasta 2007. Durante ese tiempo me dediqué a dar clases en la academia de la Policía Local de Málaga junto a mi maestro Torreblanca, y también durante estos diez años afiancé mi formación en varias actividades, adquiriendo conocimientos de Krav Maga y Kali Filipino en el año 2015.

Mi maestro de *ninjutsu* dejó de impartir clases a causa de situaciones extradeportivas, y yo, cansado y aburrido de tanto politiqueo, dejé de ser miembro de la Asociación Bujinkan, porque no estaba de acuerdo con ciertas actitudes y decisiones. Por tanto, decidí dejarlo todo y no dar más clases con el nombre de Bujinkan.

A partir de ese momento, un grupo de alumnos me convenció para seguir en la brecha dando clases, y lo hice fuera del nombre de Bujinkan. Todos los maestros y muchos compañeros de otros dojos no compartían mi decisión y se dedicaron a criticarme y hablar mal de mi persona, comentando que yo no entrenaba ni seguía la línea que ellos practicaban. Ante estas críticas hacia mí, me acordé de mi primer maestro, pues a él le ocurrió algo parecido. Me dirigí a él y le expuse mi problema, y me animó para que continuase impartiendo clases. Y en 2016 se crea Bushi Ryu Kan.

Bushi Ryu Kan significa 'casa de escuelas de guerreros', la cual se asienta en cinco escuelas de *bu jutsu*, escuelas de samuráis y dos escuelas *ninjutsu*, la cual está dada de alta, reconocida y registrada en la Junta de Andalucía y en el registro a nivel nacional. De esta manera nace Bushi Ryu Kan Ninjutsu y Bu Jutsu. Hoy en día ostento el 4.º dan de Bujinkan Ninjutsu y 7.º dan por la Escuela y Asociación Zendoryu Bu Jutsu, y soy maestro y fundador de Bushi Ryu Kan. Al mismo tiempo, tengo el honor de compartir y pertenecer a la Federación Española Nihon Budo.

La Bushi Ryu Kan significa: Kan ('casa'), Ryu ('estilo o escuela'), Bushi ('guerreros'). Es decir, 'casa de estilos de guerreros'. Las escuelas que se practican en Bushi Ryu Kan son:

- Dos de *ninjutsu*:

  - Togakure Ryu Nimpo Ninjutsu.
  - Gyokushin Ryu Nimpo Ninjutsu.

- Cinco de *bu jutsu:*

  - Koto Ryu Koppo Jutsu (técnicas de fracturas de huesos).
  - Gyokko Ryu Koshi Jutsu (técnicas de ataques a puntos vitales).
  - Shinden Fundo Ryu Jutai Jutsu Dakentai Jutsu (luxación y golpeo).
  - Kukishinden Ryu Ju-Jutsu (técnicas de combate y de armamentos).
  - TakagyYoshin Ryu Ju-Jutsu (técnicas de luxación y proyecciones).

Estas son las siete escuelas en las cuales se trabajan Bushi Ryu Kan.

Ju-jutsu

Recopilación, análisis e investigación del 10.º dan bushi senséi don José Sosa Racero sobre la disciplina marcial del* ju-jutsu*, sus conceptos y formas de entrenamiento

Ju-jutsu significa literalmente 'arte suave' o 'arte de la flexibilidad' y es un arte marcial de origen japonés clásico o *koryu budo*. Abarca una variedad amplia de sistemas de combate modernos basados en la defensa sin armas contra uno o más agresores que pueden estar armados o no.

Las técnicas básicas incluyen, principalmente, golpes con los brazos y con las piernas, luxaciones, proyecciones, barridos, controles, inmovilizaciones y estrangulaciones. La mayoría de estas técnicas tienen su origen en el campo de batalla donde los bushi (samuráis o guerreros japoneses clásicos) las usaban para hacer frente a otros samuráis con armaduras. Sus diferentes apartados técnicos se han desarrollado a lo largo de casi dos milenios.

Al principio, el *ju-jutsu* era una parte de otros sistemas más amplios llamados *bu jutsu*, que se centraban sobre todo en armas largas: catana o sable, *tachi* o sable de caballería, *yari* o lanza, naginata o alabarda, jo o bastón medio, y otras muchas más. Estos métodos de combate cuerpo a cuerpo los podemos clasificar en Katchu Bu Jutsu o Yoroi Kumiuchi, en la que se combatía con y sin armas y vestido con armadura del periodo Sengoku (1467-1603), o Shuada Bu Jutsu, del periodo Edo (1603-1867), en la que lo habitual era combatir vestido con *keikogi* o *hakama*.

Según los *Densho* de varias escuelas y otros registros históricos, los primeros sistemas de combate cuerpo a cuerpo empezaron a estar codificados durante el periodo Muromachi (1333-1573) y se les conocen como Nihon Koryu Ju-Jutsu.

Historia y desarrollo

Uno de los impulsos de los seres vivos es tener que defenderse de los ataques de otros individuos de su misma especie u otras (violencia intraespecífica o interespecífica), debido a que compiten por unos recursos limitados, como pueden ser el territorio, el alimento o la pareja del sexo contrario, además de otros factores propios del ser humano. A diferencia de muchos animales que cuentan en su anatomía con estructuras defensivas innatas, como pueden ser una piel gruesa, cuernos, garras, etc., el ser humano, al no contar con ellas, se vio en la obligación, y gracias al desarrollo de la inteligencia, de desarrollar movimientos no naturales para poder tener una defensa más eficaz ante otros seres vivos más fuertes, rápidos o ágiles. Cuando algún movimiento tenía éxito, otras personas lo copiaban o aprendían, lo preservaban y, en muchos casos, lo transmitían. De esta manera tuvieron origen las artes marciales clásicas y tradicionales en Japón.

En lo que respecta a los orígenes legendarios del *ju-jutsu,* podemos recordar la famosa historia del guerrero Sekuni, de la provincia de Izomu, que derrotó y dio muerte a Tajima no Kehaya en la prefectura de Shimane ante la presencia del emperador Suinin. De acuerdo con los escritos que han llegado hasta nuestros días, las técnicas utilizadas en aquel enfrentamiento incluyeron golpes a puntos vitales, estrangulaciones, proyecciones, sumisiones y el uso de armas tradicionales. Se cree que también se utilizaron ciertos movimientos que pudieron dar origen a técnicas de sumo.

El *ju-jutsu* es un arte marcial fundamentalmente basado en el Te Dori Jutsu, antiguo estilo de lucha japonés destinado a reducir a los enemigos sin dañarlos excesivamente, así como formas de defensa que aprendían los samuráis para contrarrestar las diferentes tácticas diseñadas para intentar desarmarlos.

Al comienzo, cada una de estas artes fue desarrollada, transmitida y preservada a nivel individual y en el máximo de los secretos, llegando a contar en la mayoría de los casos con un solo maestro y un alumno. Posteriormente se formaron clanes, y con el paso del tiempo ese secretismo fue disipándose, dándose paso a un periodo de apertura tanto en Oriente como en Occidente. La definición formal del conjunto de estas artes fue la de *yawara jutsu* o *ju-jutsu*. Cada una de las escuelas que las estudiaban se conoce por el término *ryhua*, y gozaban de su propio estilo particular.

El legado

Todos los nihon *ju-jutsu* o estilos clásicos japoneses cuentan con ciertas características comunes de un perfil tradicional, entre las que podemos destacar:

- REISHIKI: Conjunto de normas de comportamiento y respeto en el dojo.
- DOJO: Sala de prácticas. Su suelo suele estar cubierto de la tradicional estera o tatami.
- KEIKOGI: Uniforme de práctica, normalmente de color blanco en su conjunto, al que normalmente se le sumaba una falda-pantalón muy ancha conocida como *hakama*.
- SIMPLICIDAD: Ausencia de elementos superfluos en el entorno rústico, la decoración y las actitudes *(wabi sabi)*.
- JERARQUÍA: Antes, el empleo de un sistema de escalafones clásicos se conocía como las actitudes *(wabi sabi)*.
- MENKYO KAIDEN: En la actualidad, lo habitual es el empleo de sistemas de grados denominados *kyu/dan*.
- NO COMPETICIÓN: No existen sistemas de campeonatos o métodos de juego, certámenes o contiendas

que tuvieran como fin la obtención de un premio, tratando de evitar el fomento del ego.

- ENSEÑANZA TRADICIONAL MARCIAL: Basada en la defensa personal y la trasmisión de valores heredados.

Características comunes de lo viejo y lo nuevo

Se suele pensar que los sistemas tradicionales y nuevos de *ju-jutsu* son muy diferentes, y aunque realmente no son lo mismo, ambos presentan muchas similitudes.

- Historias vinculadas y con origen en común en Japón, donde con mucha frecuencia están relacionadas con alguna familia o clan.
- La principal forma de enseñanza es a través de la observación y repetición de las técnicas, muchas veces de acuerdo con patrones definidos en los llamados katas (formas preestablecidas), ya fuesen en solitario o en grupos.
- Las técnicas incluyen golpes, pero no meramente como técnicas definitivas, sino además con el objetivo de poder facilitar la consecución de luxaciones a las articulaciones, lanzamientos, derribos o estrangulaciones.
- En general, incluyen una base filosófica y ética a su práctica basada en el código del samurái o *bushido.*
- Tienen un sistema de grados basado, en general, en certificados técnicos o de aptitud, sin menoscabo de la evaluación de la actitud o carácter del practicante.

Koryu ju-jutsu

Se denominan *koryu* a los estilos y escuelas que de manera comprobable existían antes de la Restauración Meiji (1868). Algunos de estos estilos desaparecieron, mientras otros han sobrevivido y actualmente se siguen practicando.

- ARAKI RYU KOGUSOKU
- ASAYAMA ICHIDEN RYU
- TENSHIN SHINKYO RYU
- YOSHIN RYU
- RYOI SHINTO RYU
- TAKENOUCHI NRYU
- FUSEN RYU
- SHIN NI SHINDO
- KYOSHIN RYU
- SHITEN RYU
- SOSUICHI RYU
- SEKIGUCHI RYU
- DAITO RYU AIKI JU-JUTSU
- KOPPO RYU

En general, se caracterizan por un sistema *menkyo* y sus letales técnicas tradicionales quedan salvaguardadas en un documento llamado *Shoden Makimono* o *Densho.* Dichas técnicas se transmiten de generación en generación, de maestros a discípulos, mediante diploma, por linaje y/o por juramento.

Gendai ju-jutsu

Son los estilos y métodos modernos de *ju-jutsu*. Fueron creados con posterioridad a 1868, a diferencia de los *koryu*, que como bien mencionamos en el apartado anterior, son anteriores a la Restauración Meiji.

Muchos de los estilos modernos buscan la formación integral del individuo y además usan el sistema kyu/dan, que tiene su origen en el Butokay.

Escuelas como Hakko Denshin Ryu, Seibukan Ju-Jutsu, Shudokan Jutsu Ryu, Danzan Ryu o Zendo Ryu Ju-Jutsu son consideradas como Gendai Ju-Jutsu. Estos estilos de *ju-jutsu* son practicados a lo largo y ancho del mundo, y, evidentemente, muchos de estos sistemas marciales han sido fundados por descendientes de japoneses o incluso por no japoneses, pero alumnos directos de estos.

CON SENSEI OTAKE, SHIHAN DE LA ESCUELA TRADICIONAL TENSHIN SHODEN KATORI SHINTO RYU

BIOGRAFÍA (MI BIOGRAFÍA MARCIAL)

Voy a resumir para el libro de un gran maestro y mejor LUIS MARTÍN RUIZ mi biografía marcial, espero no extenderme demasiado:

1. Fechas importantes:
   - 1969: comienzo en la práctica del JUDO y del JU JUTSU.
   - 1971: KAISOO SENSEI me nombra UCHI DESHI.
   - 1975: recibo el primer dan en JU JUTSU.
   - 1982: consigo el segundo dan en JU JUTSU.
   - 1986: consigo el cuarto dan en JU JUTSU (iba para tercero pero a petición de KAISOO hice la prueba para cuarto dan)
   - 1992: consigo el quito dan en JU JUTSU.
   - 1996: la Asociación Deportiva Zendo Ryu Ju Jutsu Málaga me otorga el sexto dan en JU JUTSU.
   - 2005: recibo el nombramiento de DOSHU MENKYO KAIDEN de ZENDO RYU JU JUTSU (único referente de esta escuela a nivel mundial)
2. Cargos directivos:
   - 1992: presidente de la Asociación Deportiva Zendo Ryu Ju Jutsu Málaga (ADZENJUMA)
   - 2018: presidente de la Asociación Española de Zendo Ryu Ju Jutsu (AEZENJU).
   - 2022: presidente de la Federación Española de Nihon Budo (FENDUBO)

3. Curriculum marcial. DOSHU MENKYO KAIDEN de la escuela ZENDO RYU JU JUTSU, abarcando las siguientes disciplinas:

I. JU JUTSU.
II. HAKUDA JUTSU.
III. AIKI JU JUTSU.
IV. GOSHIN JUTSU.
V. TANBO JUTSU.
VI. TANJO JUTSU.
VII. JO JUTSU.
VIII. YUBI BO JUTSU.
IX. KEIJO JUTSU.
X. KEN JUTSU.
XI. IAIDO (JUTSU).RYO
XII. KODACHI JUTSU.
XIII. RYOTO JUTSU.
XIV. TANTO JUTSU.
XV. NAGINATA JUTSU.
XVI. YARI JUTSU.
XVII. GOSHIN JOSEI JU JUTSU.
XVIII. GOKIDO JUTSU.

AGRADECIMIENTOS

Quiero agradecer la oportunidad ofrecida al gran maestro y mejor persona, LUIS MARTÍN RUIZ, de poder participar en su libro (sobre el KARATE DO JUTSU), y así exponer lo que para mi es el JU JUTSU, mostrar brevemente lo que es mi escuela, y mi biografía marcial, al menos parte de ella.

Muchas gracias sensei y te mando mis más sinceras disculpas por haber tardado más de la cuenta.

DOMO ARIGATO, SENSEI.

BIOGRAFÍA (MI BIOGRAFÍA MARCIAL)

Voy a resumir para el libro de un gran maestro y mejor LUIS MARTÍN RUIZ mi biografía marcial, espero no extenderme demasiado:

1. Fechas importantes:
   - 1969: comienzo en la práctica del JUDO y del JU JUTSU.
   - 1971: KAISOO SENSEI me nombra UCHI DESHI.
   - 1975: recibo el primer dan en JU JUTSU.
   - 1982: consigo el segundo dan en JU JUTSU.
   - 1986: consigo el cuarto dan en JU JUTSU (iba para tercero pero a petición de KAISOO hice la prueba para cuarto dan)
   - 1992: consigo el quito dan en JU JUTSU.
   - 1996: la Asociación Deportiva Zendo Ryu Ju Jutsu Málaga me otorga el sexto dan en JU JUTSU.
   - 2005: recibo el nombramiento de DOSHU MENKYO KAIDEN de ZENDO RYU JU JUTSU (único referente de esta escuela a nivel mundial)
2. Cargos directivos:
   - 1992: presidente de la Asociación Deportiva Zendo Ryu Ju Jutsu Málaga (ADZENJUMA)
   - 2018: presidente de la Asociación Española de Zendo Ryu Ju Jutsu (AEZENJU).
   - 2022: presidente de la Federación Española de Nihon Budo (FENDUBO)

3. Curriculum marcial. DOSHU MENKYO KAIDEN de la escuela ZENDO RYU JU JUTSU, abarcando las siguientes disciplinas:

I. JU JUTSU.
II. HAKUDA JUTSU.
III. AIKI JU JUTSU.
IV. GOSHIN JUTSU.
V. TANBO JUTSU.
VI. TANJO JUTSU.
VII. JO JUTSU.
VIII. YUBI BO JUTSU.
IX. KEIJO JUTSU.
X. KEN JUTSU.
XI. IAIDO (JUTSU).RYO
XII. KODACHI JUTSU.
XIII. RYOTO JUTSU.
XIV. TANTO JUTSU.
XV. NAGINATA JUTSU.
XVI. YARI JUTSU.
XVII. GOSHIN JOSEI JU JUTSU.
XVIII. GOKIDO JUTSU.

AGRADECIMIENTOS

Quiero agradecer la oportunidad ofrecida al gran maestro y mejor persona, LUIS MARTÍN RUIZ, de poder participar en su libro (sobre el KARATE DO JUTSU), y así exponer lo que para mi es el JU JUTSU, mostrar brevemente lo que es mi escuela, y mi biografía marcial, al menos parte de ella.
Muchas gracias sensei y te mando mis más sinceras disculpas por haber tardado más de la cuenta.

DOMO ARIGATO, SENSEI.

DESCRIPCIÓN DEL JU JUTSU

JU JUTSU significa literalmente "arte suave" o "arte de la flexibilidad" y es un arte marcial de origen japonés clásico o koryu budo. Abarca una variedad amplia de sistemas de combate modernos basados en la defensa sin armas contra uno o más agresores que pueden estar armados o no.
Las técnicas básicas incluyen principalmente golpes con los brazos y con las piernas, luxaciones, proyecciones, barridos, controles, inmovilizaciones y estrangulaciones. La mayoría de estas técnicas tienen su origen en el campo de batalla donde los BUSHI (SAMURAIS o guerreros japoneses clásicos) donde las utilizaban para hacer frente a otros SAMURAIS con armaduras. Sus diferentes apartados técnicos se han desarrollado a lo largo de casi dos milenios.
Al principio el JU JUTSU era una parte de otros sistemas más amplios llamados BU JUTSU que se centraban sobre todo en armas largas: katana o sable, tachi o sable de caballería, yari o lanza, naginata o alabarda, jo o bastón medio, y otras muchas más. Estos métodos de combate cuerpo a cuerpo los podemos clasificar en KATCHU BU JUTSU o YOROI KUMIUCHI en la que se combatía con y sin armas y vestido con armadura de la Periodo Sengoku (1467-1603) o SUHADA BU JUTSU de la Periodo Edo (1603-1867) en la que lo habitual era combatir vestido con keikogi o hakama.
Según los DENSHO de varias escuelas y otros registros históricos, los primeros sistemas de combate cuerpo a cuerpo empezaron a estar codificados durante el Periodo Muromachi (1333-1573) y se les conocen como NIHON KORYU JU JUTSU.

HISTORIA Y DESARROLLO

Uno de los impulsos de los seres vivos es tener que defenderse de los ataques de otros individuos de su misma especie u otras especies (violencia intraespecífica o interespecífica) debido a que compiten por unos recursos limitados como puede ser el territorio, el alimento, o la pareja del sexo contrario. A diferencia de muchos animales que cuentan a su disposición en su anatomía de estructuras defensivas innatas como pueden ser una piel gruesa, cuernos, etc., el ser humano al no contar con ellas se vio en la obligación, y gracias al desarrollo de la inteligencia, de desarrollar movimientos no naturales para poder tener una defensa más eficaz ante otros seres vivos más fuertes, rápidos o ágiles. Cuando algún movimiento tenía éxito, otras personas lo copiaban o aprendían, lo preservaban y en muchos casos lo transmitían. De esta manera tuvieron origen las artes marciales clásicas y tradicionales en Japón.
En lo que respecta a los orígenes legendarios del JU JUTSU, podemos recordar la famosa historia sobre el guerrero Sekuni, de la provincia de Izumo, que derrotó y dio muerte a Tajima No Kehaya en la prefectura de Shimane ante la presencia del emperador Suinin. De acuerdos con los escritos que han llegado hasta nuestros días, las técnicas utilizadas en aquel enfrentamiento incluyeron golpes a puntos vitales, estrangulaciones, proyecciones, sumisiones y el uso de armas tradicionales. Se cree que también se utilizaron ciertos movimientos que pudieron dar origen a técnicas de Sumo.
El JU JUTSU es un arte marcial fundamentalmente basado en el TE DORI JUTSU, antiguo estilo de lucha japonés destinado a reducir a los enemigos sin dañarlos excesivamente, así como formas de defensa que aprendían los SAMURAIS para contrarrestar las diferentes tácticas diseñadas para intentar desarmarlos.
Al comienzo cada una de estas artes fueron desarrolladas, transmitidas y preservadas a nivel individual y en el máximo de los secretos, llegando a contar en la mayoría de los casos por un solo maestro y un solo alumno. Posteriormente se formaron clanes, y con el paso del tiempo ese secretismo fue disipándose dándose paso a un periodo de apertura tanto en oriente como en occidente. La definición formal del conjunto de estas artes fue la de YAWARA JUTSU o JU JUTSU. Cada una de las escuelas que las estudiaba se conocen por el término RYUHA y gozaban de su propio estilo particular.

EL LEGADO

Todos los NIHON JU JUTSU o estilos clásicos japoneses cuentan con ciertas características comunes de un perfil tradicional entre las que podemos destacar:

- REISHIKI. Conjunto de normas de comportamiento y respeto en el dojo.
- DOJO. Sala de prácticas. Su suelo suele estar cubierto de la tradicional estera o tatami.
- KEIKOGI. Uniforme de práctica normalmente de color blanco en su conjunto y al que normalmente de se le sumaba una falda-pantalón muy ancha conocida como HAKAMA.
- SIMPLICIDAD. Ausencia de elementos superfluos en el entorno rústico, la decoración y las actitudes (WABI SABI).
- JERARQUÍA. Antes el empleo de un sistema de escalafones clásicos se conocía como

las actitudes (WABI SABI).
• JERARQUÍA. Antes el empleo de un sistema de escalafones clásicos se conocía como MENKYO KAIDEN. En la actualidad lo habitual es el empleo de sistemas de grados denominados KYU/DAN.
• NO COMPETICIÓN. No existían sistemas de campeonatos u métodos de juegos, deportes, certámenes o contiendas que tuvieran como fin la obtención de un premio, tratando de evitar fomento del EGO.
• ENSEÑANZA TRADICIONAL MARCIAL. Basada en la defensa personal y la transmisión de valores heredados.

CARACTERÍSTICAS COMUNES DE LO VIEJO Y LO NUEVO

Se suele pensar que los sistemas tradicionales y nuevos de JU JUTSU son muy diferentes, y aunque realmente no son lo mismo, ambos presentan muchas similitudes:

• Historias vinculadas y con origen en común en Japón donde con mucha frecuencia están relacionadas con alguna familia o clan.
• La principal forma de enseñanza es a través de la observación y repetición de las técnicas, muchas veces de acuerdo con patrones definidos en las llamadas KATA (formas preestablecidas) ya fuesen en solitario o en pareja.
• Las técnicas incluyen golpes pero no como técnicas definitivas sino con el objetivo de facilitar la consecución de luxaciones a las articulaciones, lanzamientos, derribos o estrangulaciones.
• En general incluyen una base filosófica y ética a su práctica basada en el código del SAMURAI o BUSHIDO.
• Tienen un sistema de grados basado en general en certificados técnicos o de aptitud, sin menoscabo de la evaluación de la actitud o carácter del practicante.

KORYU JU JUTSU

Se denominan KORYU a los estilos y escuelas que de manera comprobable existían antes de la
Restauración Meiji (1868). Algunos de estos estilos desaparecieron, mientras otros han sobrevivido y se actualmente se siguen practicando:

• ARAKI RYU KOGUSOKU.
• ASAYAMA ICHIDEN RYU.
• TENSHIN SHINKYO RYU.
• YOSHIN RYU.
• RYOI SHINTO RYU.
• TAKENOUCHI RYU.
• FUSEN RYU.
• SHIN NO SHINDO.
• KYOSHIN RYU.
• SHITEN RYU.
• SOSUICHI RYU.
• SEKIGUCHI RYU.
• DAITO RYU AIKI JU JUTSU.
• KOPPO JUTSU.

En general, se caracterizan por un sistema MENKYO y sus letales técnicas tradicionales quedan salvaguardadas en un documento llamado SHODEN MAKIMONO o DENSHO. Dichas técnicas se transmiten de generación en generación, de maestros a discípulos, mediante diploma, por linaje y/o por juramento.

GENDAI JU JUTSU

Son los estilos y métodos modernos de JU JUTSU. Fueron creados con posterioridad a 1868, a diferencia de los KORYU, que como bien mencionamos en el apartado anterior son anteriores a la Restauración Meiji.
Muchos de los estilos modernos buscan la formación integral del individuo y además, usan el sistema KYU/DAN que tiene su origen en el BUTOKAY.
Escuelas como HAKKO DENSHIN RYU, SEIBUKAN JU JUTSU, SHUDOKAN JUTSU RYU, DANZAN RYU o ZENDO RYU JU JUTSU, son consideradas como GENDAI JU JUTSU.
Estos estilos de JU JUTSU son practicados a lo largo y ancho del mundo, y evidentemente, muchos de estos sistemas marciales han sido fundados por descendiente de japoneses o incluso por no japoneses pero alumnos directos de éstos.

DESCRIPCIÓN

Literalmente su significado es "técnicas de la flexibilidad de la escuela del camino del todo":

- ZEN – Todo
- DO – Camino
- RYU – Escuela
- JU – Flexibilidad
- JUTSU – Técnica

ORIGEN

Su origen es japonés y está basada en varias escuelas tradicionales, de las cuales destacan: DAITO RYU AIKI JU JUTSU (cuyas técnicas del tipo controles, luxaciones y puntos vitales, son muy parecidas a las nuestras) y KITO RYU JU JUTSU (cuyas técnicas reconocibles en mi escuela son las proyecciones).

Otras escuelas han influido en la mía, pero sin la profundidad con la que lo han hecho las que he mencionado en el párrafo anterior.

FUNDADOR Y CONTINUADOR

El fundador de ZENDO RYU JU JUTSU es KAISOO SENSEI y el continuador es JOSE SOSA RACERO, Doshu menkyo kaiden desde 2005.

Doshu es uchi deshi (discípulo interior) desde el año 1971 y abrió su primer dojo en el año 1974, con permiso de KAISOO.

GONIN HO (LOS CINCO NÚCLEOS)

El GONIN HO son los cinco núcleos del organigrama del sistema. Tiene tres formas de interpretación en su metodología:

1. La unión técnica.
2. La unión universal.
3. La unión personal.

Todas ellas van enfocadas al desarrollo de lo que en Zendo Ryu llamamos "armonía interior".
Debido al volumen de contenido que requeriría desarrollar todo el GONIN HO por escrito,
nos centraremos exclusivamente en citar la función técnica de los métodos que tenemos en la práctica:

- Primer núcleo: DODAI HO (fundamentos)
- Segundo núcleo: TAI HO (manos vacías)
- Tercer núcleo: BUKI HO (armas)
- Cuarto núcleo: RANDORI HO (combates)
- Quinto núcleo: KATA HO (formas)

BANGUMI UNDO HO (PROGRAMA)

Son las partes de que se componen nuestros programas de grado, tanto a nivel kyu como a nivel dan:

1. DODAI HO (fundamentos)
(%5) KAMAE (posiciones)
(%5) YOITE (guardias)
(%5) ARUKU (desplazamientos)
(%5) TAI SABAKI (giros del cuerpo)
(%5) UKEMI (caídas)
2. TAI HO (corporal, manos vacías)
(%5) NE JUTSU (técnicas de suelo)
(%5) TAIZA JUTSU (técnicas de rodillas)
(%5) TATCHI JUTSU (técnicas de pie)
3. BUKI HO (manejo de armas)
(%5) KOBO JUTSU (técnicas de bastones)
(%5) BU JUTSU (técnicas de armas de filo)
4. RANDORI HO (combates)
(%5) KUMI UCHI (combate de golpes)
(%5) KAKARI GEIKO (defensa y ataque)
(%5) GEKISEN NAGE (combate de proyecciones)
(%5) UCHI MAJIRI (combate total)
(%5) SHIKEN SHOBU (combate real)
(%5) SHITOBU (combate con armas)
5. KATA HO (formas)
(%5) HON NO KATA (formas básicas)
(%5) YUTO NO KATA (formas superiores)
(%5) NIHON NO KATA (formas a dúo)
(%5) BUKI NO KATA (formas con armas)

EDA WAZA NO KATA (LAS RAMAS TÉNICAS)

En el EDA WAZA NO KATA están todos los movimientos técnicos que componen nuestra escuela. Aquí se encuentran todos los movimientos que realizamos con manos vacías y los estructuramos de la siguiente manera:

%3. ATEMI WAZA (golpes)
(%5) UKE WAZA (paradas)
(%5) SEIKEN WAZA (golpes directos puño cerrado)
(%5) UCHIKEN WAZA (golpes indirectos puño cerrado)
(%5) KAISHU WAZA (golpes mano abierta)
(%5) ENPI WAZA (golpes de codo)
(%5) KERI WAZA (golpes de patadas)
%3. HISHIGI WAZA (luxaciones)
(%5) KOTE HISHIGI (luxación a muñecas)
(%5) UDE HISHIGI (luxación a codo)
(%5) KATA HISHIGI (luxación a hombro)
(%5) KUBI HISHIGI (luxación a cuello)
(%5) SEKIZUY HISHIGI (luxación a columna vertebral)
(%5) KOSHI HISHIGI (luxación a cadera)
(%5) YUBI HISHIGI (luxación a dedos)
(%5) HIZA HISHIGI (luxación a rodilla)
(%5) ASHI HISHIGI (luxación a pierna)
%3. HARAI WAZA (barridos)
(%5) ASHIKUBI HARAI (barrido a tobillo)
(%5) ASHI HARAI (barrido a pierna)
(%5) TE HARAI (barrido con manos)
(%5) TOKUI HARAI (barridos especiales)
%3. NAGE WAZA (proyecciones)
(%5) KOSHI WAZA (proyección de cadera)
(%5) KATA WAZA (proyección de hombro)
(%5) TE WAZA (proyección de manos)
(%5) UDE WAZA (proyección de brazos)
(%5) SUTEMI WAZA (proyección de sacrificio)
%3. OSAEKOMI WAZA (inmovilizaciones)
(%5) KESA GATAME (inmovilización lateral)
(%5) SHIHO GATAME (inmovilización cuatro lados)
(%5) KATA GATAME (inmovilización al hombro)
%3. SHIME WAZA (estrangulaciones)
(%5) HADAKA JIME (estrangulación con manos)
(%5) ERI JIME (estrangulación con las solapas)
(%5) ASHI JIME (estrangulación con las piernas)

%3. KATAME WAZA (controles)
(%5) HARABAI HO (controles uke boca abajo)
(%5) AOMUKE HO (controles uke boca arriba)
(%5) ARUTO HO (controles uke en pie)
(%5) ROFUSE HO (controles sin manos)
%3. KYUSHO WAZA (puntos vitales)
(%5) APPAKU (aplastar)
(%5) TAEZU (presionar)
(%5) UTSU (percutir)

A continuación adjuntamos nuestro programa de cinturón blanco, ROKUKYU NO KATA:

1) DODAI HO

KAMAE WAZA

DACHI NO HO

- CHOKU NO KAMAE
- HEISOKU NO KAMAE
- SHIZEN NO KAMAE
- NARABI NO KAMAE
- UCHI SHIZEN NO KAMAE
- SANKAKUTAI NO KAMAE

KUMI NO KAMAE

- FUDO NO KAMAE

YOITE WAZA

HON YOITE HO

- CHUDAN YOITE HO
- GEDAN YOITE HO
- JODAN YOITE HO
- KEN YOITE HO
- KAISHU YOITE HO
- GYAKU YOITE HO

ARUKU WAZA

HOKO NO HO ASHI

- MAE AYUMI ASHI
- USHIRO AYUMI ASHI
- NAMI AYUMI ASHI
- YOKO AYUMI ASHI
- MAE TSUGI ASHI
- USHIRO TSUGI ASHI
- NAMI TSUGI ASHI
- YOKO TSUGI ASHI
- MAE YORI ASHI
- USHIRO YORI ASHI
- NAMI YORI ASHI
- YOKO YORI ASHI
- TSURI NO ASHI
-

TAI SABAKI WAZA

IDOO TAI SABAKI

- MAE SOTO IDOO TAI SABAKI
- MAE UCHI IDOO TAI SABAKI
- USHIRO UCHI IDOO TAI SABAKI
- USHIRO SOTO IDOO TAI SABAKI

UKEMI WAZA

FUMI UKEMI WAZA

- USHIRO UKEMI
- YOKO UKEMI MIGI
- YOKO UKEMI HIDARI
- MAE UKEMI
- MAE MAWARI UKEMI MIGI
- MAE MAWARI UKEMI HIDARI

2) TAI HO

OSAEKOMI WAZA

KAMAE OSAE WAZA KATA

- KAMAE KESA GATAME
- KAMAE YOKO GATAME
- KAMAE KAMI GATAME
- KAMAE TATE GATAME

KATAME WAZA

TATCHI HARABAI KATAME HO

- TATCHI OSAE GATAME (MAE/ USHIRO)
- KOTE MAWASHI GATAME (MAE/ USHIRO)
- KOTE HIZA GATAME (MAE/ USHIRO)
- KOTE GATAME (MAE/ USHIRO)

SHIME WAZA

KYO JUJI JIME WAZA

- KATA JUJI JIME (TATE DACHI)
- GYAKU JUJI JIME (TATE DACHI)
- NAMI JUJI JIME (TATE DACHI)
- KATA JUJI JIME (IKKYO DACHI)
- GYAKU JUJI JIME (IKKYO DACHI)
- NAMI JUJI JIME (IKKYO DACHI)

NEKYO WAZA

NEKYO DAI IKKYO

1° RYO KUBI DORI

UDEWO ATSU DORI
SHIME GARAMI
YOKO JUJI GATAME
SHUTO OTOSHI UCHI
IDORI NO KAMAE

2° RYO KUBI DORI

SODE NAGE
KESA HIZA GATAME
KESA KATATE GARAMI
TSUKI GEDAN
IDORI NO KAMAE

3 ° KUBI DORI SHOMEN UCHI

- AGE UKE
- TEISHO UCHI
- UDE GARAMI
- KESA GARAMI
- TSUKI GEDAN
- IDORI NO KAMAE

4° KUBI DORI JODAN ATE

- SHUTO UKE
- SASAE UKE
- KANNUKI NAGE
- URA GARAMI
- SHUTO OTOSHI UCHI
- TATE KANNUKI GATAME
- TATE TSUKI GEDAN
- TATCHI NO KAMAE

5° KUBI DORI GYAKU ATE

- SHUTO UKE
- UDEWO DORI
- KOTE GAESHI
- ATSU KOTE GATAME
- TSUKI GEDAN
- IDORI NO KAMAE

6° KUBI DORI TSUKI

- TEISHO UKE
- UDE GATAME
- HIZA BARAI
- SHUTO OTOSHI UCHI
- IDORI NO KAMAE

TAIZA WAZA

TAIZA ICHI HO

1° KUBI DORI

- SHUTO UCHI MIGI
- RYO UDEWO
- WAKI GATAME
- UDE OSAE URA
- KATAME
- SHUTO OTOSHI UCHI
- IDORI NO KAMAE

2° AI KATATE DORI

- URAKEN UCHI MIGI
- KOTE MAWASHI
- UDE OSAE URA
- KATAME
- SHUTO OTOSHI UCHI
- IDORI NO KAMAE

3° GYAKU KATATE DORI

- URAKEN UCHI MIGI
- MAKIKOMI DORI
- UDE GATAME
- KATAME
- SHUTO OTOSHI UCHI
- IDORI NO KAMAE

TATCHI WAZA

KISO IKKYO GOHO

1° KUBI DORI

- SHUTO UKE MIGI
- GYAKU TSUKI CHUDAN HIDARI
- TATCHI NO KAMAE

2° MUNE DORI

- SOTO UKE MIGI
- URAKEN UCHI MIGI
- TATCHI NO KAMAE

3° SODE DORI

- SHUTO UKE HIDARI
- SOTO SHUTO UCHI MIGI
- TATCHI NO KAMAE

4° KAMI DORI

- AGE UKE HIDARI
- GYAKU TEKUBI
- YOKO TETTSUI UCHI MIGI
- TATCHI NO KAMAE

5° AI KATATE DORI

- UDE UKE MIGI
- SHUTO UCHI MIGI
- TATCHI NO KAMAE

6° GYAKU KATATE DORI

- GEDAN UKE HIDARI
- TATE TSUKI JODAN MIGI
- TATCHI NO KAMAE

7° AI KATATE DORI JODAN

- SASAE UKE MIGI
- TETTSUI UCHI MIGI
- TATCHI NO KAMAE

8° GYAKU KATATE DORI JODAN

- TATE SHUTO UDE HIDARI
- JUN TSUKI JODAN MIGI
- TATCHI NO KAMAE

KISO IKKYO JUHO

1° KUBI DORI

- USHIRO UCHI IDOO SABAKI
- UDEWO HIDARI
- KOTE GAESHI OMOTE
- TATCHI NO KAMAE

2° MUNE DORI

- USHIRO HIRAKI TSUGI ASHI
- RYOTE UDEWO
- SHIHO NAGE IDORI OMOTE
- TATCHI NO KAMAE

3° SODE DORI

- USHIRO AYUMI ASHI
- UDEWO HIDARI
- MAE MAWARI SABAKI
- O GOSHI
- TATCHI NO KAMAE

3° SODE DORI

- USHIRO AYUMI ASHI
- UDEWO HIDARI
- MAE MAWARI SABAKI
- O GOSHI
- TATCHI NO KAMAE

4° KAMI DORI

- USHIRO UCHI IDOO SABAKI
- UDEWO HIDARI
- KOTE GAESHI URA
(o KOTE GAESHI IDORI URA)
- TATCHI NO KAMAE

5° AI KATATE DORI

- UDEWO MIGI
- TENKAN TAI SABAKI
- SHIHO NAGE URA
(o IDORI SHIHO NAGE URA)
- TATCHI NO KAMAE

6° GYAKU KATATE DORI

- RERU YOKO TSUGI ASHI
(o USHIRO AYUMI ASHI)
- UDEWO HIDARI
- MAE MAWASHI SABAKI
- KOSHI GURUMA
- TATCHI NO KAMAE

7° AI KATATE DORI JODAN

- USHIRO AYUMI ASHI
- TE HODOKI UDEWO HIDARI
- MAE MAWASHI SABAKI
- IPPON SEIOIE NAGE
- TATCHI NO KAMAE

8° GYAKU KATATE DORI JODAN

- RERU YOKO TSUGI ASHI
(o USHIRO AYUMI ASHI)
- TATE UKE UDEWO HIDARI
- MAE MAWARI SABAKI
- KUBI NAGE
- TATCHI NO KAMAE

KISO IKKYO GOJUHO

1° KUBI DORI

- UDEWO MIGI
- FUMIKOMI GERI MIGI
- KOTE MAWASHI GATAME
- MAE GERI MIGI
- UDE OSAE URA
- TATCHI HARABAI GATAME
- TATCHI NO KAMAE

2° MUNE DORI

- UDEWO HIDARI
- SHUTO UCHI MIGI
- RYOTE UDEWO
- WAKI GATAME
- TETTSYU OSOSHI o YOKO ENPI HIDARI
- TATCHI NO KAMAE

3° SODE DORI

- TATE UKE UDEWO HIDARI
- SOTO SHUTO UCHI MIGI
- O SOTO GARI
- TATE TSUKI GEDAN MIGI
- TATCHI HARABAI GATAME
- TATCHI NO KAMAE

4° KAMI DORI

- RYOTE JUJI UDEWO
- MAE GERI GEDAN MIGI
- TE GATAME
- USHIRO JUJI GARAMI GATAME
- SHUTO OTOSHI MIGI
- TATCHI NO KAMAE

5° AI KATATE DORI

- TE HODOKI UDEWO HIDARI
- TETTSUI SAYU UCHI MIGI
- HIJI GARAMI
- KO TENKAN SABAKI
- HIJI GARAMI GATAME
- SHUTO OTOSHI MIGI
- TATCHI NO KAMAE

6° GYAKU KATATE DORI

- URAKEN UCHI HIDARI
- UDE MAKIKOMI HIDARI
- UDE GATAME IDORI
- SHUTO OTOSHI UCHI MIGI
- TATCHI NO KAMAE

7° AI KATATE DORI JODAN

- UDEWO MUNE DORI HIDARI
- TATE TSUKI JODAN MIGI
- KOTE URA
- UDE OSAE URA
- TATCHI HARABAI GATAME
- SHUTO OTOSHI UCHI
- TATCHI NO KAMAE

8° GYAKU KATATE DORI JODAN

- TE HODOKI UDEWO MIGI
- TETTSUI UCHI HIDARI
- KO SOTO GARI
- KAKATO OTOSHI GERI MIGI
- TATCHI NO KAMAE

FUSEGI WAZA

FUSEGI MAE GERI

1° MAE GERI

- USHIRO UCHI IDOO SABAKI
- SUKUI UKE HIDARI
- RYO ASHI DORI
- TATCHI NO KAMAE

2° MAE GERI

- IRIMI NO ASHI HIDARI
- MAKIKOMI UKE MIGI
- O SOTO GARI
- TATCHI NO KAMAE

3° MAE GERI

- IRIMI NO ASHI MIGI
- MAKIKOMI UKE HIDARI
- O UCHI GARI
- TATCHI NO KAMAE

3) KIHON

BUNKAI WAZA

(APLICACIÓN DE TÉCNICAS BÁSICAS)

EL EXAMINADO PRESENTARÁ UNA TÉCNICA (1) DE LOS SIGUIENTES APARTADOS EN APLICACIÓN PRÁCTICA.

1.- BUNKAI UKE WAZA.
2.- BUNKAI TE UCHI WAZA.
A) DEL GRUPO SEIKEN o
B) DEL GRUPO UCHIKEN
3.- BUNKAI KERI WAZA.
4.- BUNKAI UDE HISHIGI WAZA.
A) DEL GRUPO KOTE o
B) DEL GRUPO HIJI
5.- BUNKAI NAGE WAZA.
A) DEL GRUPO HARAI o
B) DEL GRUPO KOSHI

SOTAI DOSZA

(ESTUDIO TÉCNICO)

1.- HAPPO NO KUZUSHI.
REALIZACIÓN DE LAS OCHO LÍNEAS DE DESEQUILIBRIO (SIN APLICACIÓN).

4) RANDORI HO

KUMI UCHI

FUSEGI KUMI UCHI

(COMBATES DE GOLPES SOLO DEFENSAS)

COMBATE DE GOLPES DONDE UKE SIEMPRE ATACA YTORI TAN SOLO SE DEFIENDE, EN ESTA FORMA DECOMBATE SE EVALÚA SOLO EL CONCEPTO DEFENSIVO.

TSUKERU KUMI UCHI

(COMBATES DE GOLPES SOLO ATAQUES)

COMBATE DE GOLPES, DONDE UKE SIEMPRE DEFIENDE Y TORI ATACA CONTINUAMENTE, TANTO CON EL TREN SUPERIOR COMO CON EL INFERIOR. EN ESTA FORMA DE COMBATE SE EVALÚA EL CONCEPTO DE ATAQUE.

KAKARI GEIKO

KAKARI GEIKO DORI

(COMBATE LIBRE CONTRA AGARRES)

COMBATE DE LA DEFENSA Y EL ATAQUE, CONTRA TODO TIPO DE AGARRES CON UNA SOLA MANO, SE HACE HINCAPIÉ QUE DESARROLLEN LAS TÉCNICAS DE BASE DE SU PROGRAMA.

5) KATA HO

2º SERIE-JUHO
TORI SANKAKUTAI NO KAMAE
UKE NARABI NO KAMAE

1-KOTE MAWASHI
2-WAKI GATAME
3-O SOTO GARI
4-O GOSHI
5-IPPON SEOEI NAGE
6-SHIHO NAGE

3ª SERIE-GOJUHO
TORI NARABI NO KAMAE
UKE SANKAKUTAI NO KAMAE

MUNE DORI	**JUN TSUKI-KOTE MAWASHI**
MUNE DORI	**URAKEN UCHI-WAKI GATAME**
MUNE DORI	**SOTO SHUTO UCHI-O SOTO GARI**
MUNE DORI	**YOKO ENPI-O GOSHI**
MUNE DORI	**HIZA GERI-IPPON SEOIE NAGE**
MUNE DORI	**MAE GERI-SHIHO NAGE**

BUKI NO BU (ARMAS)

Es el manejo de armas que en nuestra escuela se divide en dos:

1. KOBO JUTSU. Prácticas con bastones de madera.
2. BU JUTSU. Prácticas con armas con filo.

El KOBO JUTSU o bastones tradicionales en nuestra escuela posee a su vez diferentes disciplinas:

1. TANBO JUTSU. Bastón corto (40 cm)
2. TANJO JUTSU. Bastón medio (90 cm)
3. JO JUTSU. Bastón largo (130 cm)
4. YUBIBO JUTSU. Bastón de mano (12 cm)

El BU JUTSU o armas de filo al igual que pasa con los bastones tradicionales también tiene varias disciplinas:

1. KEN JUTSU. Técnicas de sable.
2. IAI JUTSU (DO). Técnicas de desenvaine.
3. KODACHI JUTSU. Técnicas de sable medio.
4. RYOTO JUTSU. Técnicas de dos sables.
5. TANTO JUTSU. Técnicas de puñal.
6. NAGINATA JUTSU. Técnicas de alabarda.
7. YARI JUTSU. Técnicas de lanza.

HON NO KATA

HON NO KATA ICHI

(1ª FORMA BÁSICA)

CHOKU DACHI / REI
FUDO NO KAMAE HIDARI / CHUDAN YOITE HIDARI **(KIAI)**

GEDAN UKE MIGI HITAI NO KAMAE MIGI
GYAKU TSUKI CHUDAN HIDARI HITAI NO KAMAE MIGI
GEDAN UKE HIDARI HITAI NO KAMAE HIDARI
GYAKU TSUKI CHUDAN MIGI HITAI NO KAMAE HIDARI

YOKO UKE MIGI HITAI NO KAMAE MIGI
GYAKU TSUKI CHUDAN HIDARI HITAI NO KAMAE MIGI
YOKO UKE HIDARI HITAI NO KAMAE HIDARI
GYAKU TSUKI CHUDAN MIGI HITAI NO KAMAE HIDARI

AGE UKE MIGI HITAI NO KAMAE MIGI
GYAKU TSUKI JODAN HIDARI HITAI NO KAMAE MIGI
AGE UKE HIDARI HITAI NO KAMAE HIDARI
GYAKU TSUKI JODAN MIGI HITAI NO KAMAE HIDARI

SHUTO UCHI MIGI NARABI NO KAMAE MIGI
SHUTO UCHI HIDARI (KIAI) NARABI NO KAMAE HIDARI

SHUTO UKE MIGI HITAI NO KAMAE MIGI
SOTO SHUTO UCHI HIDARI HITAI NO KAMAE MIGI
SHUTO UKE HIDARI HITAI NO KAMAE HIDARI
SOTO SHUTO UCHI MIGI HITAI NO KAMAE HIDARI

MAE GERI MIGI HITAI NO KAMAE MIGI
MAE GERI HIDARI(KIAI) HITAI NO KAMAE HIDARI

REI - CHOKU DACHI

NIHON NO KATA

UNDO HO WAZA NO KATA

(FORMA DE LOS EJERCICIOS TÉCNICOS)

1º SERIE-GOHO

TORI CHUDAN NO KAMAE
UKE SEIZA NO KAMAE

1-JUN TSUKI
2-URAKEN UCHI
3-SOTO SHUTO UCHI
4-YOKO ENPI
5-HIZA GERI
6-MAE GERI

RESUMEN

Mi escuela como ya he mencionado con anterioridad, es un GENBUDO o arte moderno o actual, eso sí, basado en escuelas tradicionales (KOBUDO). No olvidamos esa esencia de dónde venimos. Con el paso del tiempo ZENDO RYU ha ido evolucionando hacia una disciplina marcial acorde con los tiempos actuales, por tanto podemos considerar que se han producido adaptaciones desde la "primera versión" hasta nuestros días.

El método de enseñanza, teniendo siempre presente nuestros orígenes, impartido tanto a niños como adultos de cualquier edad, basada en el DO (camino), con el respeto y la cortesía como banderas, y cómo no, el resto de valores del BUDO, produce indudables efectos positivos en el día a día en los miembros de nuestra escuela.

Si nos centramos exclusivamente en el aspecto técnico hay tres conceptos que sobresalen por encima de todos y que quizás no son tan fácilmente observables en otras escuelas o directamente no existen:

1. Los tres caminos: GOHO, JUHO y GOJUHO. El GOHO si lo vemos desde una perspectiva técnica contiene los golpes, la fuerza; el JUHO, contiene todo lo relativo a flexibilidad; y el GOJUHO es la fusión de ambos conceptos dando lugar a la unión de la potencia y la flexibilidad. Este último concepto es muy característico en nuestra escuela.
2. HENDOSEI (movilidad). El gran objetivo de la movilidad en nuestra escuela es la consecución del desequilibrio del oponente. Esa movilidad debe ir acompañada de velocidad de reacción para evitar que un posible ataque del agresor tenga "premio" para él, es decir, con una buena velocidad de reacción y movilidad conseguimos cerrar los espacios los espacios y el tiempo del primer ataque de uke obteniendo así su desequilibrio y sin que surja la posibilidad de un segundo y si lo hay que carezca de contundencia. Con un buen "hendosei" nuestra defensa tendrá una mayor posibilidad de éxito.
3. KENTAI (adaptabilidad). Este concepto está muy unido al anterior. Puede ocurrir que ante un primer ataque la situación no se encuentre al 100% controlada por nuestra parte. Nuestra escuela otorga a los alumnos de las herramientas técnicas necesarias para la posibilidad de abordar con la misma velocidad de reacción el segundo ataque del oponente. Los maestros dicen: "haz frente al enemigo, no a su ataque".

    ZENDO RYU nos propone tres tipos de reacciones artificiales ante los ataques de un agresor:

    a) Desvío.
    b) Esquiva.
    c) Integración.

    Cualquiera de estas tres reacciones se encuentran presente, de una manera u otra, en nuestras acciones técnicas.

Resumiendo, ZENDO RYU nos propone en nuestra defensa los conceptos de:

1. Tres formas de ver la energía
    GOHO / JUHO / GOJUHO
2. Velocidad de reacción basada en la movilidad
    HENDOSEI
3. Posibilidad de adaptarnos a las circunstancias cambiantes de una agresión
    KENTAI

Kobudo de Okinawa

Breve síntesis. Senséi Germán Flores, 5.º dan

Kobudo literalmente significa 'el camino de las artes marciales antiguas'. Sin embargo, el kobudo no es un sistema antiguo. En octubre de 1936, por cuestiones culturales y políticas, se formalizó el cambio de los kanjis de «mano china» por «mano vacía»; ambos se pronunciaban karate. Anteriormente, las artes marciales de Okinawa se conocían como «te», «Okinawa te» o «tode», e incluían el uso de armas, aunque no era generalizado. Con el aprendizaje de «tode» también se aprendía el uso de algún arma; las más comunes eran el bo y el sai, y algo menos frecuente, la tonfa o *tunkwa*.

El uso frecuente del bo era debido a que eran armas autorizadas por las fuerzas de seguridad de la corte de Shuri tras la prohibición de tenencia y uso de armas al resto de la población. Con el resto de armas practicaban en menor medida personas con conocimiento de artes de combate en función de sus ocupaciones y, sobre todo, para protección en los viajes comerciales entre Okinawa y China. Las armas más pequeñas solían llevarse ocultas y se usaban como medio de autodefensa.

Con el paso del karate a Japón y el cambio de significado de «mano china» por «mano vacía», se va dejando paulatinamente el aprendizaje del uso de estas armas. También había quienes, en comparación con las armas del Budo japonés, consideraban que eran armas de menor categoría y fueron cayendo en el desuso.

Con el fin de preservar estas costumbres y que no se perdiera el conocimiento en el uso de las armas, Shinko Matayoshi y Moden Yabiku se dedicaron a recopilar diferentes técnicas de armas tradicionales. Shinko Matayoshi transmitió todo su conocimiento a su hijo Shinpo, mientras Taira Shinken aprendió de Moden Yabiku.

En 1955, el maestro Taira Shinken fundó la Sociedad para la Conservación y Promoción del Ryukyu Kobudo (Ryukyu Hozon Shinkokai).

En 1961 se formó la Asociación de Kobudo de Okinawa, presidida por Higa Seitoku. En diciembre de 1962 se formó la Federación Internacional de Karate-do y Kobudo. En 1969, Shinpo Matayoshi abrió el dojo Kodokan, y en 1972 se formó la federación de todo el kobudo de Okinawa, Zen Okinawa Kobudo Renmei, presidida por él mismo.

Durante todo este período y posteriormente, se van haciendo demostraciones de kobudo junto a las de karate, promocionando los dos sistemas okinawenses dentro y fuera de Japón.

Como podemos observar, el kobudo, como sistema, se va formando a partir de la Segunda Guerra Mundial, por lo cual es un sistema nuevo que estudia técnicas antiguas. En la actualidad hay numerosos sistemas de kobudo, aunque los más extendidos son el Ryukyu Kobudo, de Taira, y el Matayoshi Kobudo. Unos se centran en el estudio de las armas principales y otros en recopilar el mayor número de armas posible, rivalizando por quién hace el kobudo más auténtico.

Las armas principales del kobudo de Okinawa son el bo y el sai, que, como he explicado anteriormente, eran las armas utilizadas por la guardia de la corte del castillo de Shuri; de hecho, en los últimos campeonatos internacionales que se celebran en Okinawa, solo se permiten katas de bo y sai. La siguiente en importancia sería la tonfa por su adaptabilidad a las técnicas de karate, y después vendría el *nunchaku*, que ya se consideraba arma oculta.

También estudiamos otro tipo de utensilios agrícolas, que con una buena base de conocimiento podemos adaptar como armas, como pueden ser el kama o el kuwa, y armas largas de manejo similar al bo, como pueden ser el *eku* o el *nunti bo.* También armas largas articuladas y de corte, como el *kuruman bo,* el *sansetsukon* o el *chogama.* Y armas pequeñas para llevar ocultas, como *suruchin, tekko, tecchu* o *jifa,* y armas antiguas de guerra como el *tinbe* y *rochin* o *seiryuto.* En nuestra escuela estudiamos principalmente *bo, nunchaku, tonfa sai, eku, kama, jo* y *sansetsukon.* Con esta base se puede adaptar prácticamente cualquier arma.

Otra cuestión polémica es el linaje. Ya hemos dicho que el kobudo no existía en la antigüedad como sistema, sino que las armas se practicaban formando parte del antiguo «tode», por lo cual es absurdo intentar establecer un linaje antiguo, sobre todo sabiendo que antiguamente se entrenaba en grupos pequeños y, a veces, con varios maestros.

En nuestra escuela seguimos las enseñanzas del maestro Choyu Hentona, que a su vez aprendió de su abuelo Choso Hentona, Seiki Toguchi, Katsuyoshi Kanei y Shinpo Matayoshi.

Nos vemos en el tatami.

Germán Flores

Mi agradecimiento y homenaje al gran maestro historiador okinawense Takadatshu Honda

Y, por último, no me podía olvidar de mi gran amigo, maestro Takadatshu Honda, del dojo Itoman, distrito de Naha, Okinawa. No he conocido ningún maestro de karate con la categoría ni el nivel humano del maestro Takadatshu. Desde aquí le mando un cariñoso saludo y mi agradecimiento por el regalo que me envió hace unos cuantos meses.

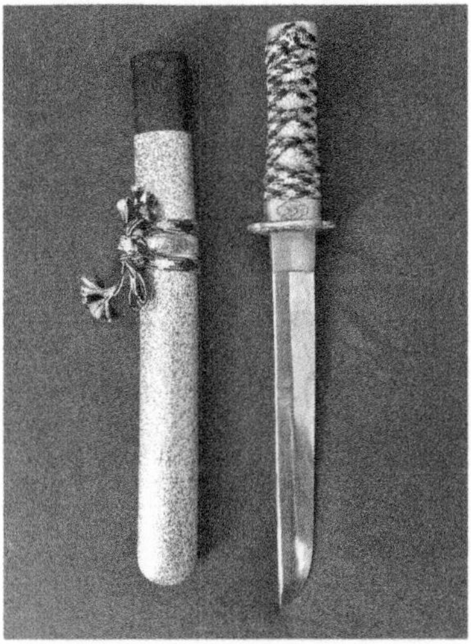

Tanto, regalo artesanal del maestro Takadatshu Honda al autor Luis Martín.

Y mi recuerdo a mi amigo y maestro AKIHIRO MIENO

1976, Dojo KURO OBI de c/ Federico Chueca de Málaga. El senséi maestro AKIHIRO MIENO arbitrando un Ju Kumite entre el autor, Luis Martín, y otro alumno. Al fondo, el pequeño David Martín, hijo del autor, sobre los hombros del alumno Pepe Amores.

Y como colofón, frases para la historia, cuyos autores se cubrieron de gloria con proverbios como estos.

Como he ido relatando reiteradamente en este volumen, las diferentes e inagotables «disciplinas marciales» que inventan desaprensivos sin ninguna dignidad ni recato, pues en la defensa personal está todo dicho y hecho, están plagadas de fantasías, engaños y falacias que han ido creando algunas entidades, federaciones, asociaciones e individuos sin ningún escrúpulo ni ética para beneficio propio, y una gran parte de estas falsedades y fantasías las ocupan las frases grandilocuentes y ostentosas que se inventa todo este populacho para catalogar y deshonrar la dignidad y magnitud de las artes marciales tradicionales y en especial la del karate.

Ejemplo de proverbios disparatados, idoneos para analizarlos

«Hacemos ejercicios básicos para transmitir el poder curativo del cuerpo y de la mente» *(Asociación Karate y Ciencia).*

«El karate es como el agua hirviendo: si no la mantienes al fuego, se enfría» *(Gichin Funakoshi).*

«Los diferentes estilos marciales son como los dedos de la mano: cada uno tiene una función, todos son diferentes, pero igual de importantes» *(Ching Ghao).*

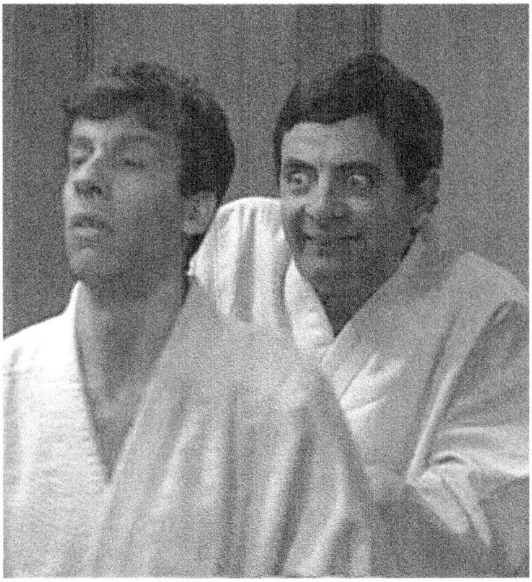

«Nuestra recompensa se encuentra en el esfuerzo y no en el resultado» *(Aton Tao).*

«Un esfuerzo total es una victoria completa» *(Mu Chun Go).*

«El Jeet Kune Do es la forma sin forma» *(Bruce Lee).* Y después de esta frase Bruce Lee seguía con un cuento sobre árboles, ramas, flores, hojas y raíces.

«El maestro YIP de kung-fu, fluyendo los continuos movimientos de la rutina del agua desnatada de golondrina» *(demostración del maestro YIP).*

«El KI del karateka es la unión de su espíritu con el universo» *(Matshuka «el Iluso»)*.

«En el karate las actitudes son más importantes que las aptitudes» *(Asociación Amigos del Karate)*.

«Tu técnica y determinación te llevarán a la cima de la montaña, pero solo la pasión y el propósito te mantendrán en ella» *(Asociación Karate para Escaladores)*.

«La clave de la inmortalidad es vivir una vida que valga la pena recordar» *(Bruce Lee)*.

«Sé como el tigre y el dragón y serás el guerrero que persigues» *(senséi Kol Gao)*.

«La derrota no es una derrota, a menos que sea aceptada como una realidad en tu propia mente» *(Bruce Lee)*.

«No tener ningún camino como camino, no tener ninguna limitación como limitación» *(Bruce Lee)*.

«Sé agua, amigo mío» *(Bruce Lee)*.

«El karate aspira a fortalecer el carácter, mejorar el comportamiento humano y cultivar la modestia; sin embargo, no lo garantiza» *(Yasuhiro Konishi)*.

«El kata Niseishi recuerda a un arroyo o a una fuente donde el agua fluye incansable, generando poder y fuerza. La parte más llamativa del kata es su tema del agua y su encarnación física del agua en movimiento. El kata en sí tiene un tema de "ola" tan fuerte que ha adquirido las características de las olas rompiendo en las costas. La mayoría de los que practican este kata se refieren a Niseishi como un kata de "agua" o como un kata de "tsunami". Se desconoce su creador y su origen» *(Rafael Conejo Ruiz).* **Como siempre, cuando este escribe, se desconoce todo.**

«El karate es acción, supervivencia, vida; la indecisión es parálisis, reacción, mortalidad» *(Soke Behzad Ahmadi).*

«Un cinturón blanco podrá ser derribado, pero un cinturón negro siempre se levantará» *(Senséi Chu Mi Nha).*

«He hecho karate durante mucho tiempo mientras crecía, así que hice una especie de escena de karate bastante larga» *(Suki Waterhouse).*

«El karate no es un juego, no es un deporte, ni siquiera es un sistema de defensa personal. Es mitad ejercicio físico y mitad espíritu» *(Mas Oyama).*

«Cuando tu temperamento aumente, baja tus puños. Cuando tus puños bajen, calma tu temperamento» *(Chojun Miyagi).*

«O haces que karate haga sí, o karate haga no. Tu karate hace no sé» *(Miyagi).*

«Los occidentales podemos aprender del karate que cuerpo y alma no están separados» *(Samu Rai).*

«No temo al hombre que ha practicado diez mil golpes una vez, pero temo al hombre que ha practicado un golpe diez mil veces» *(Bruce Lee).*

«El balance es clave. Si balance es bueno, karate es bueno» *(Miyagi).*

«Un practicante de karate debe poseer dos cosas: manos terribles y el corazón de Buda» *(Soke Behzad Ahmadi).*

«Dominar al enemigo sin luchar, esta sí es la más alta habilidad» *(Gichin Funakoshi).*

«No puedo recordar su nombre, pero resultó que había uno, un hombre negro al que se le dio una asignación en las filas del samurái, cerca de la era Edo o Meiji. La piel de color oscuro era vista como extranjera en Japón. Si no recuerdo mal, resultó que quedó huérfano cuando era niño y fue criado por un espadachín. Estaba bien arraigado en la cultura y la forma de hacer las cosas en Japón, así que eventualmente miraron su apariencia obvia y lo aceptaron como tal negro. Aunque no estoy seguro de si tenía esposa negra…, a menos que se la hubiesen traído expresamente para *él». Firmado: Gilipuertas Natsume Spectrun, Internet.*

Tipos como este existen doscientos mil en las redes. Como veréis, tiene la mente anquilosada: no recuerda el nombre del negro que describe, no sabe tampoco si el samurái de color era de la dinastía Edo o Meiji, tampoco recuerda muy bien si quedó huérfano o fue criado por un espadachín, y tampoco está seguro de si tenía esposa negra o no. Este ha oído campanas y no sabe dónde. Se refiere a la leyenda o fábula de Yasuke, un samurái afro; pero la gran mayoría de estos relatos están basados y copiados de cuentos chinos y japoneses, y así nos va en el karate con toda esta gentuza. Y así, miles y miles de eslóganes y sermones sin ningún sentido ni comprensión, salidos de unas mentes calenturientas y fantasiosas que no saben lo que dicen y con los meollos bastante atrofiados.